離婚の経済学
愛と別れの論理

橘木俊詔+迫田さやか

講談社現代新書

2570

プロローグ　なぜ離婚を論じるのか

年間21万件

かつて、皆一度は結婚をしていたのに、50歳時未婚率（50歳時点で一度も結婚をしたことがない人たちの割合）は、1970年代より伸びつづけ、今や男性23・4％、女性14・1％まで上昇した。仮に晩婚でも、望む相手と結婚して、幸せに過ごせていたらこれほど幸せなことはない。しかし、一度結婚したからといって一生涯そのパートナーと添い遂げられるとは限らない。すなわち離婚である。

厚生労働省「人口動態調査」によれば、2018年に20万8333件の離婚が起きている。過去の日本と比較すればかなり多くの人が経験する事象になっており、離婚はいつ誰に降りかかっても驚かない時代となった。なぜ人は離婚するのか、離婚したあとはどうなるのか知っておいて損はなく、本書はそれに応えるものである。さらに、離婚者の男女計でおよそ30％は再婚する理由も把握したい。

離婚という選択肢の背景

人の一生で三度教会の鐘が鳴ると言われている。誕生時、結婚式、葬儀、という大イベントのときであるが、近年では、離婚にあたって区切りをつける「離婚式」ができたくらいである。

もとより、誕生と結婚はまことにおめでたい、すなわち幸せな事象であるが、死亡はとても悲しいことである。ところで離婚はどうであろうか。

筆者らはともに経済学者であるので、経済学的な観点から離婚を考えてみたい。現在の結婚生活を維持することによって得られる期待効用（あるいは満足）と、独身生活に戻ったときに得られる期待効用を比較したときに、後者が前者を上回るなら離婚を決断する。その背景には三つのメカニズムがある。

第一に、相手を見つけるのに必要な費用、すなわちサーチコストの問題である。世の中すべての相手について、自分の結婚相手としての適性を調べることはできない。その時点までに出会った相手のなかでもっとも納得できる相手と結婚をする。今のパートナーよりも望ましい人と巡り合ってしまい、その人と結婚するために、離婚する場合もある。

第二に、情報の非対称性である。結婚という取引をおこなう前に、相手についてすべてを知っていることはまずない。相手に情報を隠す場合すらある。結婚生活を続けるにつれて、相手についてよくわかってしまって、もうこれ以上結婚生活を続けることができないと判断することである。

第三に不確実性の問題である。相手と自分を取り巻く環境が変わって、結婚生活を続けられないと判断することである。夫の経済力に惹かれて結婚したが、夫がリストラされて別れてしまうということもあり得る。

このような方法論的個人主義に基づく経済学的な考えによれば、自分で稼げるのなら離婚後、離婚によるデメリットは小さいし、低所得者は離婚によって失うものが大きいと思われていたので、低所得者ほど離婚が少ないだろうと予測されていた。しかし、夫の所得が高くなるほど妻の有業率が低くなっていく「ダグラス＝有沢の第二法則」は崩れて、夫の所得の多寡にかかわらず妻も働く時代となり、妻の所得もどんどんと高くなっている。離婚できないのと、今のところしないけれどできる、は大きく違う。さらに上の三つのメカニズムに基づいて考えれば、相手のことをよく知るようになったり、お互いの人生に予期せぬ出来事が生じたら、離婚するという選択肢が出てくる可能性は大いに高まってきた。

離婚を自ら望んで言い出した人からすれば、離婚の成就は「新たなスタート」として幸せに感じられるであろうが、配偶者から離婚を申し出られてそれに不本意ながら応じた人からすれば、望まない離婚はとんでもない不幸に感じられるだろう。

逆に離婚を望んだができなかった人は不幸だろう。生命保険文化センターが２０００年に実施した調査において、「もし努力しても結婚生活がうまくいかない時に、離婚を容認するかどうか」という問いで、「容認する」とした人は67・4％に上る。どちらともいえない、離婚しないとする人が約3割いる。さらに言えば、アンケートでは容認する、と答えても自分の離婚には二の足を踏む人もいるだろう。離婚の障害となる要因には、子ども、お金、双方の家族への義理がある。

この、子どもやお金の問題が解決したので離婚しましょうというのが「熟年離婚」である。もっと言えば、人生はもっと複雑怪奇である。離婚を自分から望んでそれを成就した人も、時間が過ぎて一人身が長くなると、意外とさびしくて不幸を感じるかもしれない。一方で不本意に離婚した人も、次の相手が見つかって再婚に至ると、幸福感がふたたび生じているかもしれない。

このように離婚を考えると、離婚という事象にはさまざまな動機なり現象がともなうものであるし、離婚後にどういう人生を送るのか、人びとの関心は高いであろう。離婚というのは、血筋につながりのない一人の男性と一人の女性が結びついていた結婚が、それの解消に至る現象である。男女の違いというのが心理的な葛藤のみならず、家庭生活や経済生活においてもとても大きな違いを生む。

離婚の学問的研究

離婚については、欧米において経済学や社会学を中心として学問的研究が進んでいる。本書ではそれらの成果を充分に吸収しながら、日本の離婚に焦点を合わせる。決して学術的な分析に特化せず、一般読者にもわかりやすいように執筆している。学術的香りのする啓蒙書といえようか。本書は以下の通りに進める。

まず第1章では、日本の離婚の現状を簡単に知っておくことから始める。離婚率の指標については大きく分けて二種類ある。第一は「普通離婚率」である。全人口1000人に対して1年間にどの程度離婚が生じているかをみるものだが、どのような意味を持つのかはわかりにくい。それは、「いつ」離婚しているかという視点が抜けているからだろう。結婚してすぐの若いときなのか、しばらく経ってからか、お互いが老後に差し掛かった頃か……。したがって、もう一つの「特殊離婚率」を見る必要がある。若年層（25〜39歳）、中年層（40〜49歳）、高年層（50歳以上）の三つの年齢層に区分すると、離婚率の高い順では若年、中年、高年となる。

第2章において、国際比較上から日本の離婚をどう評価するかを扱う。欧米諸国の離婚率の高さはよく知られているが、ロシアなどの旧社会主義国でもとても高い。なぜこのように欧米諸国と旧社会主義国の離婚率が高いのかの理由を知ることによって、離婚率がかつてより高くなっている日本の今後を予想するうえで貴重な情報になる。

それぞれの国の事情は確かにあるしそれを無視はできないが、大まかに言えば次の二つがある。一つは自由主義と個人主義の高揚によって家族の絆が弱まり、誰かと一緒にいることのメリットが少なくなったし、むしろうっとうしく感じるようになった。もう一つは法制度である。かつては、離婚を禁じていたカトリックという宗教上の理由があったが、イタリアが１９７０年に法的に離婚を認めたことや、離婚法制が「有責主義」（相手に不貞行為など責任がある場合に限って離婚を認める主義）でなかなか離婚をすることができなかったイギリスで、「破綻主義」（両者の合意があれば離婚を認める主義。もっとも、日本における「破綻主義」は、別居等の破綻の事実自体で離婚が認められることを言うので、イギリスの「破綻主義」とは意味が異なる）が認められたこと、アメリカの多くの州でも「双方的離婚」（離婚に際して夫婦双方の合意を求める）から、「一方的離婚」（夫婦どちらかの請求のみでよいとするもの）が認められたことなどがある。もっとも離婚法制の改正が離婚を容易にしたというよりも、離婚について社会的な要望が高まったことから法制度がそれに追いついたと考えるのが妥当である。

歴史から離婚を評価するとどうであろうか、これについては第3章で述べる。明治時代の後期から大正時代と昭和時代の戦後の20～30年ほど、日本の離婚率はひじょうに低かった。意外なことにそれ以前の江戸時代、あるいは明治時代の前半までは、離婚率は高かったし、性の自由はかなりあったのである。

しかし、そういう社会であれば日本人の家庭生活は安定に欠けるし、それが社会・経済の発展の足かせになるとの配慮、そして儒教の教えるところに共鳴したこともあって、明治時代の日本は法律（民法）によって「家」制度、ないし「家父長制度」を明記して、離婚をしにくくする社会をつくろうとした点が明らかにされる。これは男尊女卑の思想と解してよく、家長たる夫の不貞は許されるが妻の不貞は許されないという、現代では容認されないものであった。これはもちろん、戦前の家制度の影響や女性差別と主張することも可能だが、人妻との不倫は許されていないことに鑑みれば、子どもの父親を明らかにするためとも解釈できる。もう一つ大切なことは、家長たる夫が家庭経済の実権を握っていたので、妻は家を離れると途端に生活に困るという制約もあった。

なぜ不倫をするのか

前述したサーチコストの問題において言及したが、今の配偶者よりももっと魅力的な人を見つけたとき、すなわち不倫という可能性が生じてくる。もっとも、「あなたは今不倫をしていますか」とアンケートをしても正直に答えてくれる人は少ないので、不倫のデータはたいへん貴重である。第4章では不倫を扱う。データの性質ゆえに、欧米における研究の紹介が中心で、日本での研究はわずかであるが、我が国でも男性の約25％、女性の10％前後は不倫を経験したことがあるという。離婚研究同様に、不倫研究が発展しているアメリカと比較してもそう変わらない比率である。では、具体的に誰がしているのか。「浮気は男の甲斐性」なんて言葉が存在するが、収入が高い男性ほど不倫をするし、さらには、妻の収入が夫よりも多ければ夫は不倫する。

では、なぜ不倫するのだろうか。欧米においては結婚生活の不満が不倫に走らせ、日本ではそうではないことがわかっているが、日本でも欧米でも共通して、妻に収入額を超された夫が不倫することを考えれば、不倫をして男の面子(メンツ)を保っていることが予想される。進化生物学の観点から、男性は若い女性を、女性はより高学歴の男性を不倫相手にする傾向から、生物としての人間の生存戦略を見ることができる。

とはいえ、不倫と離婚の関係についてはそう定かではない。経済状況の見通しが悪いなか、離婚すれば経済的に、子どもの世話、家事のことで苦労すると考え、離婚を我慢する代わりに、不倫で憂さ晴らしをしている可能性も考えられる。男性よりも女性から離婚を言い出す場合が日本では圧倒的に多いのはなぜであるのか、第5章（「なぜ女性から言い出すのか」）で分析する。

日本の労働市場の凝縮

夫婦が離婚をする場合に、子どもの養育費は大きな問題となる。第6章では養育費の問題を扱うが、ここには、養育費の取り決めをしない問題と、養育費の取り決めをしてもきちんと支払いがおこなわれない問題の二つが存在する。養育費の取り決めをしない背景には、相手にもうこれ以上関わりたくないという理由がもっとも多く、相手に支払う能力がないと思ったという理由が次いで多い。これは貧しい家庭に当てはまる話だろう。ただし離婚し再婚した父親は年収の高い層に偏っていることと合わせて考えれば、「昔の家族」の面倒まで見ていられない、という人はいないだろうか。本章では、喫緊の養育費の課題についていくつか政策提言をしている。

第7章では、離婚後の生活に焦点を当てる。妻が働いていないとか、働いていても収入が低ければ、離婚後に子どもの養育費等を受け取らないかぎり、母子の生活はたちまちどん底に落ちてしまう。もし、離婚して生活に困る状況なら結婚生活を続けるしかないが、これまで経済的に自立しやすい高学歴女性ほど離婚が多いだろうと予想されていたところ、我が国においては離婚する人の学歴は低いことが定説となりつつある。経済学が想定する、高所得者ほど離婚して、低所得者ほど離婚しないとは異なることが起きている。パワーカップル（高所得夫婦）・ウィークカップル（低所得夫婦）の誕生など結婚のかたちによって所得格差が拡大する社会において、パワーカップルには離婚が多く生じ、ウィークカップルには離婚が生じにくいのであれば、長い目で見れば離婚というイベントによって格差が縮小していたかもしれない。

とりわけ、子どもを抱えながら、賃金の低い非正規労働に従事する、離婚女性の経済生活には悲惨なものがある。特に母子家庭の貧困は日本社会の最大の問題といっても過言ではないが、離婚後に母子家庭が貧困に陥るのは女性だから起こり得る問題なのではなく、我が国の労働市場構造の問題が離婚母子家庭に凝縮されているためであることを主張したい。

したがって、離婚後は女性の苦しみが男性より大きいと感じられるかもしれないが、実態は男性にも苦しみは生じている。離婚を経験した男性のうち、年収300万円未満の低所得層が全体の37・2％となれば、自分の生活さえ苦しいのに、別れた子どもの生活の面倒も見る余裕が充分に残されているとは言い難い。

ここで、ふたたび結婚する「再婚」の話が浮上する。第8章のテーマである。

妻に先立たれた夫はすぐに死亡したり、病気になりがちだとか、どうも男性は精神／心理的に弱く、何よりも生活力に乏しい。伴侶がいなくなると野菜を食べなくなり、酒量が増え、病気にだってかかりやすくなる。

「判断力の欠如によって結婚し、忍耐力の欠如によって離婚し、記憶力の欠如によって再婚する」と言われるが、もう一度結婚（すなわち再婚）の話題につながるのである。女性は経済的な問題で、また、子どもを育てていればなおのことだろうが、男性は家事の問題でふたたび家庭を持ちたいという気持ちに駆られる。しかし、女性も働くようになって、それとともに家族の意味が変化し、家族を持つ・持たないの選択肢が広がったものの誰もがその自由を享受できているわけではないように、再婚する・しないにも格差が生じてしまっている。家族のあり方も変わった結果として、社会的な立場が弱い人が家族による恩恵を受けられず、家族が不平等を拡大する力さえ持ってしまったのだ。

本書は我が国における離婚をさまざまな角度から分析している。離婚をなぜするようになったのか、そして離婚してからそれらの人はその後どうなったかが、大きな話題である。

最後に強調しておきたいことがある。それは、離婚という事象は一人の男性と一人の女性が結婚後の人生のある時期に決行するものなので、男性と女性とでそれぞれの離婚動機とそれによる結末がかなり異なる点に注目した。

こういう見方から本書を読んでいただければ、結婚・離婚なんて女性の問題だと思っていた男性読者もこれまでさほど論じられなかった話題に、新しい興味が湧くかもしれない。

本書では著者の二人は男性と女性から成っているので、これらに関してあらかじめどちらかの側に立った見解を述べていない。むしろ本書を読んでから読者の判断に期待したいという希望がある。

橘木俊詔・迫田さやか

目次

第1章　年齢別離婚率から言えること

離婚率のもっとも高い年齢

本章ではどの年齢のときに人は離婚するのかに注目して、人生の節々で起こることとの意味を考えてみたい。表1―1によって戦前から現代までにわたっての年齢別の離婚率の推移を見てみよう。まず現代に注目すると、若年（29歳まで）、中年（30～49歳）、高年（50歳以上）と大きく区分した場合、中年層の離婚率がもっとも高く、ついで若年層、高年層と続く。ただしそれぞれの層のなかにおいても、例えば若年層では24歳以下よりも、24歳より年齢の上の人でかなり高い。中年層では30代が6～8％と他の年齢層よりもかなり高い離婚率となっているし、高年層においては60歳を過ぎると離婚率は急激に減少する。

以上を大胆にまとめると、離婚率のもっとも高い年齢は25～39歳ということになる。最近は熟年離婚が増加したと言われているが、統計を見るかぎりにおいては他の若・中年層の離婚率よりも低く、やや誇張されている感がある。なぜ熟年離婚が話題にされるのかといえば、長年連れ添った夫婦の離婚はやり直し（再婚）が困難だし、年を取ってから単身になるという悲惨さをともなうので関心が高いからであろう。熟年離婚については再述する。

25～39歳の年齢層の離婚率が高い理由を別の視点からも確認できる。それは表1―2に

表1−1　性、年齢（5歳階級）別離婚率（1930〜2017年）

年齢	1930年	1950年	1970年	2017年	1930年	1950年	1970年	2017年
	夫（%）				妻（%）			
総数	2.50	2.01	1.47	2.89	2.52	1.85	1.38	2.70
19歳以下	0.10	0.09	0.03	0.15	1.04	0.62	0.19	0.36
20〜24	2.14	2.47	1.12	2.40	5.41	4.47	2.59	3.79
25〜29	5.59	5.51	3.64	5.49	5.44	4.33	3.72	7.59
30〜34	5.04	4.11	3.23	7.01	3.97	2.70	2.48	8.12
35〜39	3.86	2.81	2.19	6.35	2.75	1.69	1.62	6.71
40〜44	2.83	1.95	1.40	5.19	1.94	1.10	1.02	5.18
45〜49	2.14	1.30	0.93	4.19	1.41	0.66	0.59	4.02
50〜54	1.52	0.90	0.59	3.23	0.87	0.39	0.36	2.61
55〜59	1.20	0.62	0.48	2.23	0.57	0.24	0.21	1.44
60〜64	0.92	0.42	0.35	1.39	0.33	0.09	0.12	0.78
65〜69	0.62	0.30	0.29	0.87	0.14	0.09	0.08	0.51
70歳以上	0.42	0.19	0.19	0.35	0.05	0.03	0.03	0.15

出所：厚生労働省「人口動態統計」

よる結婚期間別に離婚件数を示した数字でわかる。すなわち、結婚年数5年未満が約7万6000件で34・5%ともっとも多くなっており、ついで5年〜10年が22%と続いている。すなわち結婚年数10年未満が離婚件数のうち56・5%にも達しているので、日本の結婚は比較的短年間で終止符が打たれている。逆に熟年離婚数が少ないことを反映して、結婚年数が長くなるほど離婚をしないのである。

この最後の性質を、統計学ではduration dependence（継続依存）と称する。もっともわかりやすいのは、労働者が企業に何年勤務したときに離職するかを調べると、勤続年数が長い人

表1－2　結婚期間別離婚件数（2012年）

	5年未満	5年～10年	10年～15年	15年～20年	20年～25年	25年～30年	30年～35年	35年以上	平均同居期間
離婚件数	7万6128件	4万8437件	3万3047件	2万4463件	1万7324件	1万0149件	5163件	5921件	11.0年
離婚率	34.5%	22.0%	15.0%	11.1%	7.9%	4.6%	2.3%	2.7%	

出所：厚生労働省「人口動態統計」

ほど離職率が低くなるという例で示される。離婚に関して個票という良質なデータがあれば、統計的に厳格な分析が可能であるが、表1－2の結果によるだけでも離婚に関してduration dependence（継続依存）が確認できる。じつはこの性質は人間社会における種々の行動において成立するものである。なぜならば人はある状態に満足していればそれを続けようとして、その状態を保持する傾向が強いのである。結婚を長く続けるほど離婚をしない、と解釈できる。

若年・中年層の離婚を論じる前に、表1－1からわかる二つの重要なメッセージがある。それは日本の歴史を80年以上にわたって支配してきた特性である。第一に、年齢別に離婚率の違いに注目した場合、どの年齢層の離婚率が高いか低いかに関して、時代による変化はあまりないということである。すなわち、すでに現代に関して述べたように、20歳代に入って離婚が増えはじめ、25～39歳までという青年・中年期に離婚率がひじょうに高まる。そしてその年代まで離婚せずに結婚生活を続けた人は、その後も離婚しない確率が高いことはduration dependence（継続依存）を引き合いに出して説明した通りである。この性質が80年以上という長期間にわたって続いたことは驚きですらある。

第二に、とはいえ男女の離婚率の差に注目すると、時代の進展に応じて微妙な変化を示していることがわかる。それは１９３０（昭和５）年という戦前は男女の離婚率に差はほぼなし、１９５０（昭和25）年という終戦直後は男性が女性を上回るようになり、１９７０（昭和45）年から２０１７（平成29）年になると男性の離婚率が女性をやや上回る時代となった。離婚は男女一組の夫婦関係の解消なので、離婚は男女同数であるはずなのだが、現実はそうではない。

それを解く鍵は、離婚した人が再婚をし、その後もう一度離婚すれば一人の人が二度（あるいはそれ以上）離婚することになる。この回数に男女差があれば男女に離婚数の差が生じることとなり、離婚率の差となるのである。この表によると最近40年間は男性の離婚率の方が女性のそれよりおおむね高いので、男性が女性よりも離婚・再婚をくりかえしている比率が高いことを示している。

このことを数字で正確に示すのは困難である。女性は離婚すると「結婚はもうコリゴリ」との発言をよく聞くし、一人暮らしに不便さはない。男性は懲りずに再婚を望む人が多いし、しかも初婚の女性と結婚することが多いのである。これに関しては橘木は一つの解釈を提出した（『男性という孤独な存在』２０１８年）。すなわち、もてる男は結婚・離婚をくりかえす。もう一つの理由は家事・育児を不得意とする男性が再婚を望むという身勝手な思いがあることである。

アメリカの高齢者離婚問題

日本における年齢別の離婚率を述べる前に、離婚大国でしかも日本人がもっとも関心を寄せるアメリカの年齢別離婚率を見ておこう。図１—１がそれを示したものである。１９９０年と２０１５年の2年分の離婚率が示されているので、ここ25年間の変動を理解できる。なお年齢は、25〜39歳、40〜49歳、50歳以上の3種類であり、簡単にそれぞれを若年、中年、高年と呼ぶことにする。

まず年齢別に注目すると、離婚率の高い順序では若年、中年、高年となる。残念ながらこの表には24歳以下の最若年の数字はないが、それでも若年層の離婚率がもっとも高いのが印象的である。10代を含めた最若年層はこの数字よりも高い離婚率である。次いで中年層、そして一番低いのは高年層となっている。アメリカの離婚率もすでに述べたduration dependence（継続依存）に合致していることがわかる。

図1−1　アメリカの年齢別離婚率（1000夫婦のうち離婚した夫婦の数）

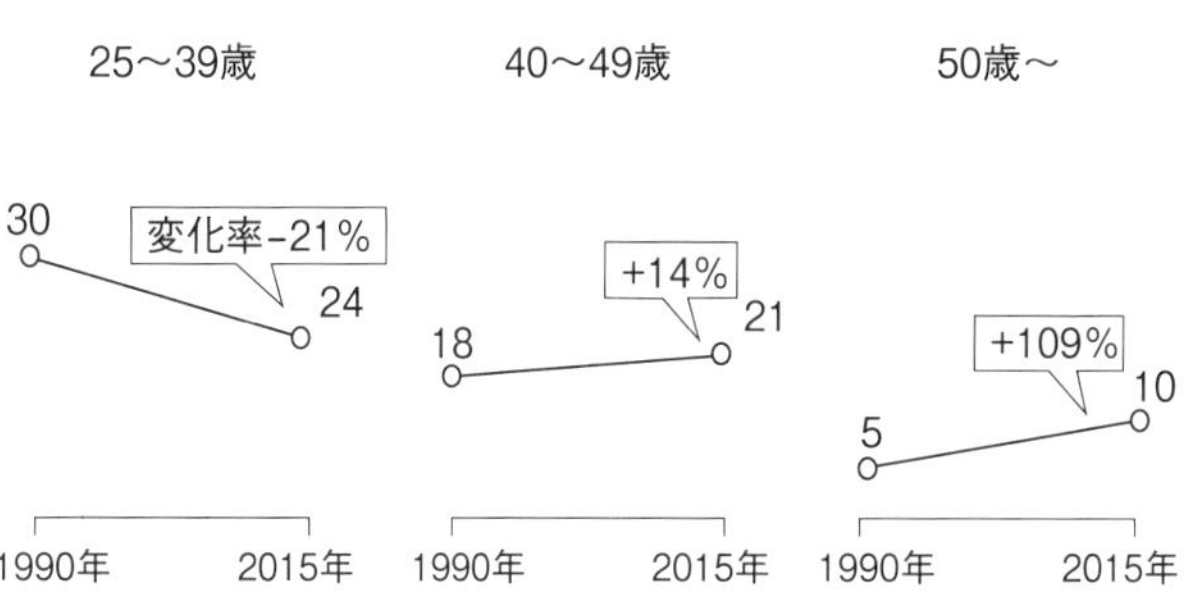

出所：PEW RESEARCH CENTER

つぎに25年間の変化に着目すると、離婚率が減少したのは若年層であるのと比較して、逆にそれが上昇したのは中年層と高年層であることが興味深い。アメリカでは10代を含めた若年層の離婚率がひじょうに高かったのが20〜40年前であり、深刻な社会問題となっていた。

性の自由化の進んだ時代に若者が中学や高校卒業と同時に結婚していたのであるが、子育てができないとか、若者の失業率が高くて経済的に困窮するといった理由によって、離婚するのが際立っていたのである。

中年層は2%前後、高年層は1%弱というように水準としては高くないが、両世代ともに離婚率の上昇が見られているのであり、これがアメリカの社会問題になりつつある。特に50歳以上の高年層の上昇に注目が集まり、“Gray divorce"（灰色の離婚。毛髪のグレーからきている言葉）という言葉で表現されているほどである。長く連れ添った夫婦の離婚は、傍目から見ても悲惨に映るところがあるからだろう。

高年層の離婚については、つぎの二つが興味深い。まず第一は離婚を一度した人と複数回した人との比較、第二は結婚の期間の長さによる差である。前者に関しては、初婚の相手と離婚する人よりも、複数回の離婚を経験する人の方が離婚率が高いという事実である。後者に関しては、結婚期間の短い人ほど離婚率が高いということを示している。これはduration dependence（継続依存）の証拠となりうる。一度なりとも離婚をする人は、複数回離婚するし、結婚期間の短い人ほど離婚する、ということを示している。

結婚する若者の半数が離婚——若年層の離婚

ここで日本の離婚を年齢別に見ておこう。表1－1で示された統計によると、若年層のなかでもひじょうに若い24歳以下の人における離婚率はそう高くない。数としてはそう深刻ではないが、若年の離婚はその人の将来に禍根を残すことがあるので、ここで考えておくことに価値はある。

平均初婚年齢が30歳に達しようとしている現代において、20歳前後の若者が結婚するということは、まずは数が少ないので同年代の男女よりも結婚に走っているとの感がある。

むしろ一般に独身志向は高まっている時代だけに、若い人が恋愛して結婚する行動は称賛されるかもしれない。しかも出生率の低下を憂える人からすると、子どもを産む可能性が高い人の増加は歓迎すべきことかもしれない。若者の性行動や結婚行動については、例えば、日本性教育協会編『青少年の性行動全国調査報告』が詳しい。

ところがである。若者が結婚に至るプロセスとして重要な事象が一つある。それは俗称「できちゃった婚（別名、さずかり婚）」と呼ばれるように、既婚者のかなり多くが子どもができたからとか妊娠したからを、結婚の理由に挙げている。２０１１（平成23）年の内閣府「結婚・家族形成に関する調査」によると、20歳代の既婚女性のおよそ40％が「子どもができた」ことを結婚の理由にしているので、「できちゃった婚」は若者の結婚の半分近くの多さに達している時代なのである。

もとより性欲のなすまま、若気の至り、という解釈もありえようが、生まれてくる子どもに責任を感じて結婚に至る姿は評価してよい。ところが不幸な物語が後に発生する。若者に仕事がない、仕事はあっても非正規労働者に代表されるように賃金・所得が低いという若者の経済的不利により、結婚生活に経済上の不安がともなうことが多い。さらに年齢が若いだけに夫妻ともに精神的に情緒不安定なときがあるだろうし、赤ちゃんや子どもの育て方にも未熟さが見られることもあるだろう。こうした物質的・精神的な面、そして家族生活において不安定さが高いことは避けられない。これが「できちゃった婚」の60％近くが離婚に至る理由である。この事実は20～30年前にアメリカの若者に発生した事実に似ている。「できちゃった婚」ばかりではなく、それ以外の若い夫婦も多くが同様に経済的な困窮のなかにいるのは、「格差社会日本」の一つの象徴である。橘木・迫田『夫婦格差社会』（２０１３年）では「三〇〇万円の壁」と称して、若い男性が３００万円以下の年収なら結婚できない、異性との交際もできないと分析したが、結婚している若い夫婦が経済的困窮にいるなら離婚に至ることは不思議ではない。本書で明らかにするように、離婚の理由の一つとして「経済的不安」が重要な位置を占めているので、若者にとっては特に当てはまるのである。

若者では結婚している人が少なく、したがって離婚数も少なくなる。すなわち、総人口に対する離婚率としては表１−１によるとそう高くないが、有配偶離婚率（結婚している夫婦だけが分母である）は、21世紀に入って19歳以下の男性は40％強、女性は80％前後であり、20～24歳では50％前後に達している（国立社会保障・人口問題研究所『人口統計資料集』より）。すなわち、結婚する若者に限定すれば、約半数が離婚に至るという深刻さである。

ただし若者の離婚には救いがある。そういう若者は親も若いだけに経済支援や子育て支援を受けられる可能性がある。さらに年齢が若いだけにその後に気を取りなおして教育を受けたり、安定した仕事に就いて所得が増加する可能性がある。そういうときには、将来に安定した結婚に遭遇する可能性が開かれているからである。経済的にもう少し高い所得を得られるかもしれないし、人生経験を重ねれば新しい配偶者を慎重に選ぶだろうし、結婚生活に安定を求める可能性がある。

本書の主要関心は離婚なので、ここで触れるのはふさわしくないかもしれないが、現在の日本の若者における最大の課題は結婚しない人の数の急上昇である。さまざまな理由があるが、国立社会保障・人口問題研究所の『人口統計資料集』によると、50歳時未婚率は10〜20%が予測されているほどである。結婚しない人が増加すれば、離婚の発生数は減少するだろうと予測できるが、日本にとって深刻なことはむしろ未婚者の増加が少子化の最大原因となっている事実である。これに関しては、すでに欧米においては、結婚している夫婦から生まれてくる子ども（嫡出子）と、未婚の男女から生まれてくる子ども（非嫡出子）とのあいだに関しては、処遇に差をつけていない。日本でも遅まきながら児童手当や遺産授受の差がなくなっており、制度は欧米に近くなっている。ただし、児童手当の額自体はヨーロッパよりもまだ低いのである。

女性からの要求が7割——中年層の離婚

ここでは数の多い25〜39歳までの離婚について議論しておこう。この世代の離婚は表1

―2による結婚生活5年未満と5年～10年の夫婦の離婚が該当する。アメリカと異なり日本の中年層はもっとも離婚者数の多い世代なので、探究の価値が高い。さまざまな理由がある。それらの理由を本書の各所で詳しく議論するので、ここでは簡単に述べておく。

まず日本における離婚理由としてどのようなものがあるのかを知っておこう。図1―2は夫と妻からの離婚理由と、夫と妻とどちらからの申し立てであるかを示したものである。まず女性からの要求がおよそ7割なので男性からのより2・7倍も高く、離婚は女性のイニシアティヴで起こるといっても過言ではない。なぜ女性からなのか、については後章で詳しく検討する。これは裁判所の介入する事例についての記述なので、それが一般の離婚にも当てはまるかどうかは別問題である。

つぎに離婚理由を見ておこう。第1位は性格があわない（通称・性格の不一致）という理由であり、夫が60・9％、妻が39・1％と他を圧倒して高い比率である。5年とか10年も一緒に住んでいると、若いときには恋に夢中で、見えていなかった異性の別の姿を発見して、相手が嫌になることは当然ありうる。あるいは人間も5年あるいは10年と年をとると、性格の変わることもありうる。あるいは慣れ過ぎた二人の生活のなかで、他人からするとたいしたことでないかもしれない言動に対して、すなわち取るに足りない些細なことであってもそれが積み重なれば、意外と気になるかもしれない。

図1−2　妻・夫別の離婚理由—申し立てに対する割合（2018年、%）

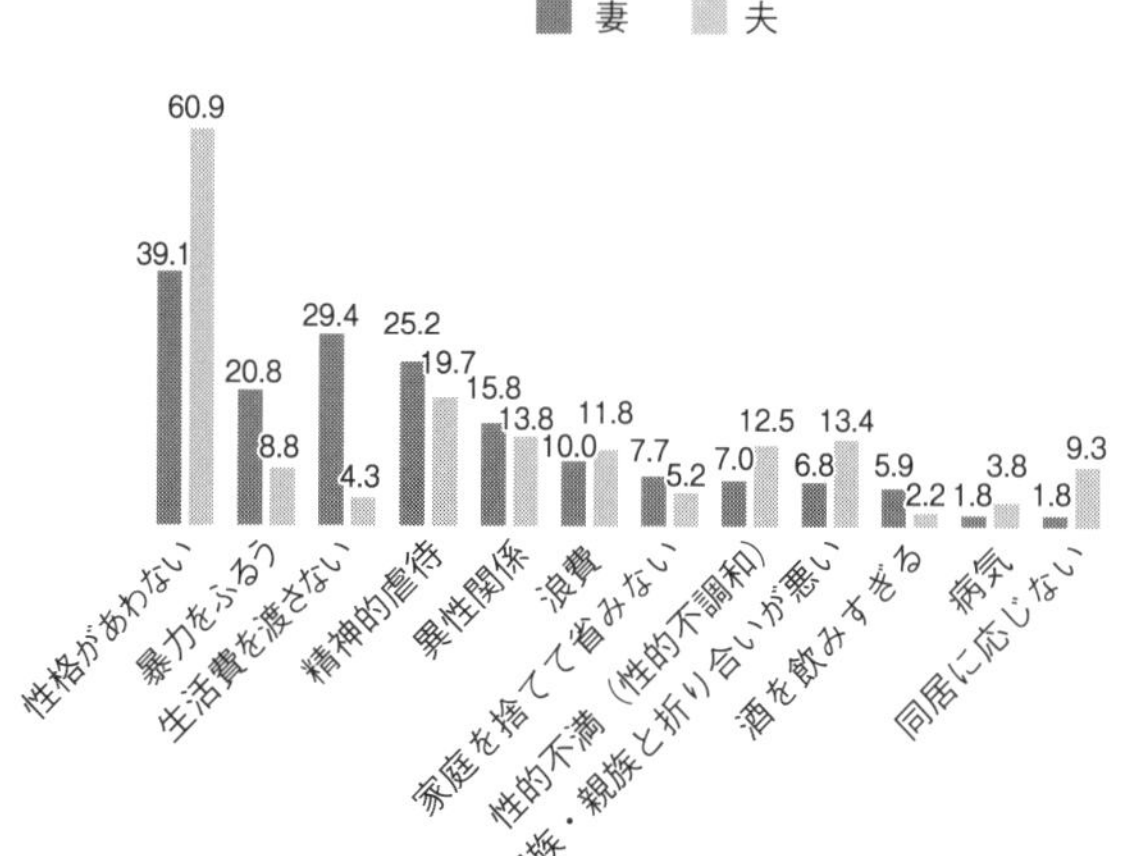

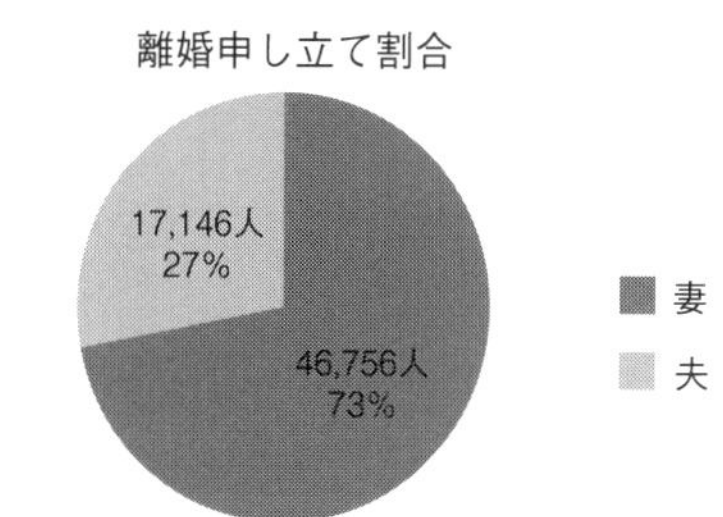

出所：最高裁判所『司法統計年報，2018年』

とはいえ、ここで列挙した理由とは他の理由をめぐって二人が争っているとき、あるいは喧嘩になったときの言動から、相手の性格を嫌いになることもある。本来の理由は「暴力」や「異性関係」でありながら、言い争っているなかで相手の性格が嫌になったとき、「性格があわない」ということを理由に挙げることもある。以上で述べたことは、性格の不一致という理由は、じつは他の根源的な理由を説明するために用いる方便にもなりうるので、曖昧さに満ちている面があり、これ以上言及しない。

第2位以下の妻の言う「暴力をふるう」「精神的虐待」、そして「異性関係」は後章で詳しく論じる。「生活費を渡さない」「浪費」も妻からの申し立てが多く、夫が経済的に満足な義務を果たしていないことだが、これも後章で論じる。

職業別の離婚数

ここで就業状態別で離婚数の多寡に違いがあるかどうかを検討しておこう。表1－3は就業状態・職業別にみた離婚数と構成割合を示したものである。この表からわかることをいくつか書いておこう。

第一に、男性では離婚者の8割強が就業者であるが、女性はそれが6割強に過ぎない。この差は女性には専業主婦が存在していることによって、専業主婦にも離婚する人がいる

表1－3　就業状態・職業別にみた離婚数及び構成割合

就業状態・職業	2015(平成27)年度 離婚数（人）	構成割合（%）
夫の統計		
総　数	224,692	100.0
就業者総数（有職）	187,031	83.2
A　管理職	8,579	3.8
B　専門・技術職	30,654	13.6
C　事務職	17,224	7.7
D　販売職	20,820	9.3
E　サービス職	28,110	12.5
F　保安職	4,128	1.8
G　農林漁業職	3,681	1.6
H　生産工程職	21,941	9.8
I　輸送・機械運転職	13,708	6.1
J　建設・採掘職	25,180	11.2
K　運搬・清掃・包装等職	7,547	3.4
L　職業不詳	5,459	2.4
無　職	21,447	9.5
不　詳	16,214	7.2
妻の統計		
総　数	224,692	100.0
就業者総数（有職）	142,857	63.5
A　管理職	1,709	0.8
B　専門・技術職	25,899	11.5
C　事務職	32,295	14.4
D　販売職	17,679	7.9
E　サービス職	42,973	19.1
F　保安職	487	0.2
G　農林漁業職	992	0.4
H　生産工程職	10,216	4.5
I　輸送・機械運転職	1,507	0.7
J　建設・採掘職	770	0.3
K　運搬・清掃・包装等職	3,812	1.7
L　職業不詳	4,518	2.0
無　職	66,080	29.4
不　詳	15,755	7.0

出所：厚生労働省「人口動態職業・産業別統計」平成27年度

ことによる。専業主婦の場合には、離婚後に自分で働かないかぎり収入源が途絶えるので、貧困に陥る可能性を秘めている。これについては後章で詳しく言及する。

第二に、男性で離婚の多い職業は専門・技術職である。比較的自由で質の高い職務に就いているので、人生についても自由を尊ぶところがあり、離婚に抵抗感がないとみなせる。

第三に、女性で離婚が多い職業はサービス業である。これは自営業者に多いと考えられる。また、特に目立つのは看護師とされているが、医療はサービス業の一つなので、ここに含めてもよい。

第四に、女性で事務職の離婚がかなり多いのであるが、これは事務職自体が多いことは言うまでもないが、男女が一緒に働いていると不倫が起きやすいかもしれず、職場で男女が一緒に働いているからという可能性も検討する必要があるかもしれない。男性で目立つのは建設・採掘職であるが、これは特に建設業で働く人は地域を転々とすることが多いので、落ち着いた家庭生活を築くことが困難であるとの理由がありうる。

低い北陸の離婚率

都道府県別の離婚率（平成29年度）に注目すると、厚生労働省は人口1000人あたりの離婚率を公表している。それによると新潟県が1・29で最低であり、ついで山形、富山、石川、秋田、福井といった県の離婚率の低いことが示されている。

これらの県は、日本海側に位置している。北陸三県は、幸福度の高いことで有名である。すなわち、家庭生活は安定しているのであり、三世代住居が多いこと、既婚女性の働く率が高いこと、比較的大きな家屋に住んでいて自動車保有率も高い、子どもの学力も高い、といった具体的な事実があり、人びとは幸せな結婚生活を送っているとみなせる。これだと当然のことながら離婚率は低くなると解釈できる。

看護・介護が原因の離婚

ここで看護、特に介護にあたるようになってからの離婚について一言述べておこう。本人の親や配偶者の親の介護が原因で離婚に至る数はまだ少ない。離婚理由のランキングにも、介護が原因で離婚になるケースはまだ入っていないし、具体的な統計も我々の知るかぎりない。なぜ介護が原因で離婚に至るのか、それは介護疲れによる精神的・肉体的な苦痛があることによる。特に義理の親の介護であれば、その苦痛には耐え難いものがあると考えられ、離婚によって介護の義務を避けられるからである。対策としては、介護施設に頼るとか、妻や夫だけに任せるのではなく、夫婦そろって介護にあたるといった方法がある。

介護疲れにより老親を殺害してしまうといった不幸な事件は数はとても少ないが、衝撃的に報道されることがある。これを避けるためにも、介護というのは介護される人にも、特に介護する人には大きな苦痛を与えるので、そのような不幸の発生する前に対策をうっておく必要がある。

単身高齢者のリスク——高年（熟年）離婚

熟年の離婚は数は少ないが、意外と深刻な面がある。例えばよく知られているように、高齢単身者、特に女性は２０１０（平成22）年に貧困率が50％ほどに達しており、貧困になる確率が高いし、看護や介護が不充分となって最悪の場合には孤独死したり、精神不安定になったりする。詳しいことは橘木『老老格差』（２０１６年ａ）に譲り、ここでは要点だけにとどめておく。なお熟年の離婚理由として中年の離婚で述べた理由も当然当てはまるが、特に熟年に特有なことをここで述べておこう。

第一に、子育てをほぼ終えて、子どもの自立に目途がついたときに起こりうる。子育てが終了した頃なので、熟年離婚は容認できるという主張をどう評価すればよいだろうか。動物の本能として子孫の維持というのがあるが、子育てというのはまさにこれに合致する。子どもが一人立ち、あるいは独立できる年齢に達しているのであるから、親の責任は充分に果たしていると理解できる。

したがって、熟年夫婦がこれまで列挙した理由によって離婚が避けられないときに、子育てが終わっているのなら、子どもの存在は離婚を踏みとどまらせる理由とはならない。子育てという大変重要な任務を全うしたのであるから、これからは自分個人の人生を大切にしたいとして、熟年離婚に踏み切ることを真っ向から否定はしない。

しかし一人の単身高齢者になったときの大きなリスクを考えれば、例えば経済的な困窮、病気や要介護になったときの不安、一人でいることのさびしさ、などを考えれば、夫婦を続けながら自分の好きなこともできるような方向にするのが望ましい。そしてそれは可能である。なぜなら子育てにかかる資金と時間が不要なったわけで、その資金と時間を自分の好きなことにまわせるからである。

第二に、自分の親や配偶者、あるいは配偶者の親が要介護になると心身ともに深刻な苦労を背負うようになり、それに耐えられなくなったときに離婚は起こりうる。ここで大切なことは、介護の任務を全部自分で抱え込むのではなく、家族全員で任務を分け合うようにすることと、第三者による介護サービス（通所や施設）を受けるようにすることだ。高齢社会に突入したけれど、特定の個人（昔であれば長男の嫁）が介護の全責任を負うような時代ではないので、介護の苦労によって熟年離婚が発生しないように、いろいろな対策のとりようはある。

第三に、長年一緒に住んでいて若年期や中年期では我慢もできた不満が、年をとるともに大きく蓄積して臨界値を超えたときに離婚は起こりうる。

第四に、夫が外で仕事をしているときは家にいないので、妻による昼間の不満はなかったが、夫が引退して一日中家にいるようになると、家事をはじめ何もしない夫が無用の長物に感じられる。

長年の不満の蓄積に関しては、じつはもっとも厄介な熟年離婚の原因かもしれない。子育てが終了するまでと我慢していたところ、子育て終了時に蓄積した不満が一気に噴出する。夫が働きをやめていつも家にいるようになって、家事をしない無用な男から解放されたいという希望も、長年の不満の蓄積から生じたものと評価しうる。

これらに関しては、二人のあいだでの徹底的な会話を継続することによって、不満をぶつけあい、そしてお互いが納得できるような、そして相手の不満を和らげる方策を見つける努力が必要である。ここで大切なことは、相手に譲歩を求めることがあってよいが、自分も譲歩する姿勢を同時に保持することにある。

一つの妙案は、しばらくのあいだ別居をしてみることである。なんと配偶者が必要であるかを再認識するかもしれない。

第2章　離婚の国際比較

国際比較で日本の離婚率を見ると

まずは表2－1によって世界の主要国における離婚率を見てみよう。これは国連の統計なので本来は数多くの国の数字を示すべきであるが、ここでは日本から見て同じ経済発展の水準にある国と、かつ多くの人の関心の高い国が中心である。

まず日本の位置を確認しておこう。離婚率は1・84％とこの表に現れた国のなかでは中位よりやや低い位置にいて、どちらかといえば低い離婚率のグループにいる。ただし日本より低い国は8ヵ国あるので、とても低いというわけではない。すでに見たように日本の離婚率はごく最近は減少したが、長期で見れば傾向として上昇中なので、今後は順位を上げそうである。

この表でもっとも印象的なことは、ロシアが4・5％と他のどの国よりも飛び抜けて高い離婚率であるという事実である。日本とくらべては2・4倍の高い数字なので、結婚した夫婦の6～8割がいつかは離婚するという国がロシアなのである。この表には出ていないが、旧ソ連邦の諸国であるラトビア、リトアニア、モルドヴァ、ベラルーシなどの旧社会主義国も高いことがわかっている。

つぎに高いのはキューバ、アメリカ、デンマークなどの2・8％を超えた数字であり、例えばアメリカでは結婚した夫婦の約5割が離婚に至るとされている。アメリカについては離婚の研究例が多数存在するので、それらを概観することによってアメリカでの離婚がよく理解できる。これについては後に詳しく検討する。

逆に離婚率の低い国は、メキシコ、イタリア、ギリシャ、ルーマニア、といった国である。なぜこれらの国の離婚率が低いのか、前二者は宗教でいえばカトリックのキリスト教国なので、建前は離婚が禁じられている宗教上の理由が推察できる。フランス、スペイ

表2−1　主要国の離婚率

国（年次）	離婚（%）
ロシア（2012）	4.50
キューバ（2013）	2.94
アメリカ（2011）	2.81
デンマーク[1]（2012）	2.81
チェコ（2012）	2.51
スウェーデン（2012）	2.46
ベルギー（2012）	2.46
フィンランド（2012）	2.41
ポルトガル（2012）	2.41
韓国（2012）	2.27
スペイン（2012）	2.23
オーストラリア（2012）	2.20
ハンガリー（2012）	2.20
ドイツ（2012）	2.19
オランダ（2012）	2.07
オーストリア（2012）	2.02
イラン（2012）	1.98
ノルウェー（2012）	1.98
フランス（2012）	1.97
エジプト（2012）	1.88
シンガポール（2013）	1.86
日本（2013）	1.84
中国[2]（2012）	1.77
イスラエル（2011）	1.73
ポーランド（2012）	1.67
ブルガリア（2012）	1.64
ルーマニア（2012）	1.47
ギリシャ（2010）	1.19
イタリア（2011）	0.91
メキシコ（2012）	0.85

注：UN, Demographic Yearbook, 2013 年版による。ただし、日本は厚生労働省統計情報部『人口動態統計』による人口 1000 人あたりについての数字。
1）フェロー諸島およびグリーンランドを除く。
2）香港、マカオおよび台湾を除く。
出所：国立社会保障・人口問題研究所『人口統計資料集』2015 年版

ン、ポルトガルなどもそう高くないので、カトリック教義による仮説は妥当であるように映るとはいえ、宗教心が強くない人も当然これらの国にはいるので、宗教の理由にあまり重きをおくことは危険である。キューバもカトリックなので本来ならば低そうなところ、高い離婚率を示しているのは矛盾と言えなくもない。ただ、キューバは社会主義国なので、後に述べるように社会主義国の離婚率の高い理由が適用できる。

ロシアでなぜ離婚が多いのか

ロシアは、少なくともここで示した国のなかでは世界で最高の離婚率を有するので、それがなぜかということを知ることに価値はある。日本の今後を予想したとき参考になることと、参考にすべきでないことが多く含まれているからである。

ロシア国内での分析（例えば、Russia beyond the leader, Russia Now）を見れば、２０１２年に結婚した夫婦の数が１２１万３０００件であり、離婚した夫婦の数が65万件なので、成婚対離婚の比がおよそ2対１であり、ものすごい数の離婚者数なのである。これだけの数の離婚の原因がどこにあるのか、探究の価値は高い。

いくつかのアンケート調査の結果が上記のレポートに記載されているので、まずそれらを見ておこう。第一は All-Russian Public Opinion Research Center による１３０都市での調査によると、離婚の原因としてつぎの三つが挙げられている。①浮気、②貧困、③妥協を許さないような価値観の違い。これに関連してロシアの社会学者は、④アルコール依存症、⑤経済力のなさ、⑥家の狭さ、を加えている。そして結婚歴3年以内の離婚率が約30%と高く、年齢では35歳以下で別れる夫婦がもっとも多いとされる。とはいえ、子育てを終えた結婚歴25～30年の夫婦においても離婚は少なからず発生しているのである。

浮気、あるいは不倫という理由は、ほぼどの国でも離婚の原因となっているので、ロシアでこのことを特に論じる必要はない。貧困とか経済力のなさも多くの国で理由となっており、結婚生活は安定した経済生活の確保が最低条件であることがわかる。

むしろロシアで興味を引くのは、アルコール依存や家の狭さである。寒いロシアであればうっとうしい気候や過ごしにくさを吹き飛ばすために、有名なウォッカなどを飲んで身体を温めて楽しい人生を送ろうとするが、飲み過ぎて酔っぱらって妻などに暴力をふるうことがよく報道される。アルコールが人びとの必需飲料品に近いものになっている国の悲劇である。家が狭いということもアルコールと多少関連づけられる。なぜなら狭い家だと家族がひしめいているので、アルコールの入った夫が妻や子どもに暴力をふるう確率が高まるのである。

ここでロシアに特有な理由を述べておこう。それは社会主義国だったことである。社会主義国では女性が働くことは国是でもあったわけで、女性の賃金がやや低かったものの、既婚女性をも含めてほとんどの女性が働いていて、何らかの収入を得ていた。これはすべての人間は働くべしとする社会主義思想と男女平等の思想があったことによる。さらに、ロシアの一人あたりの所得はそう高くないので、夫婦で働くことによって、安定した経済生活を送れた事情もある。収入のある既婚女性はたとえ離婚しても働きつづければ生活に困ることはないので、夫の収入にしがみつく必要はなかったのである。女性に生活力のあったことが離婚率の上昇を助長したのは確かなので、社会主義国に特有な事情として理解しておきたい。

ただし現代のロシアは以前のような強烈な社会主義・共産主義ではないので、一時期のように女性のほぼ全員が働いているのではないことを知っておく必要がある。それでも女性が働くという伝統は残っていることは確実である。現代ではＯＥＣＤの統計によると、二〇一六年で、ロシア女性（15～64歳）の65％が働いているので、かなり労働力率（人口のうちどれくらい働いているか）は減少したが、北欧諸国を除いて、資本主義国より高い労働参加率である。

この政治・経済体制の効果（すなわち旧社会主義国であるということ）を他の国に当てはめると、それの妥当する国と妥当しない国の存在に気づく。前者はキューバ（現在でも社会主義国である）の2・94％、チェコ（現在では社会主義国ではない）の2・51％と比較的離婚率の高いグループ、一方でルーマニアの1・47％、ブルガリアの1・64％とやや低い離婚率の旧社会主義国グループの区別ができる。それぞれ個々の国の結婚・離婚事情まで探究する余裕と能力がないので、これ以上述べないこととする。

ロシアの離婚事情から日本が学ぶ点はどこにあるだろうか。第一に、資本主義か社会主義かを問わず、女性が働いていれば離婚率は高まるので、日本は女性の労働参加率が高まりつつあることから離婚率は上がるだろう。第二に、家が狭いこと（すなわち一家屋における部屋数が少ないこと）は離婚率を高めるので、日本の三世代住居はこれに該当するかもしれない。あるいは大都会における住宅では特にこのことが当てはまるかもしれない。しかし三世代住居は急激に減少中だし、日本の住宅事情は空き家がめだつようになりつつあるので、ロシアの例はさほどの参考にならない。第三に、アルコール摂取量の影響については、日本人のアルコール熱はそう高まっていないので、ロシアのようなことはないであろう。

精神的な歓びの欠如——アメリカでの離婚

先ほどの離婚率の国際比較の表2－1によると、アメリカも2・81％の離婚率でかなり高い数字であった。アメリカの離婚率を探究することは、つぎの理由によって価値が高いのである。第一に、アメリカは世界の国のなかでも大国であるのみならず、資本主義国あるいは先進国としてもっとも影響力が強い国なので、アメリカで起こっていることが他の国に波及する事柄は多く見られる。特に日本人はアメリカへの関心は高いし、アメリカ人の行動をモデルとしてみなす国民性があるので、アメリカを知ることは次世代の日本を予想するのに有益である。

第二に、多くの学問分野においてアメリカは世界における学術研究の最先端にあり、離婚に関する研究は質・量ともに世界一である。しかも英語で書かれているので容易に読破・理解でき、最先端の研究成果を知ることができる。それを参考にしない理由はない。

アメリカの離婚について興味深いことは、離婚件数と婚姻件数の比率を相対離婚比と称するが、離婚／婚姻比は１９８０年前後にピークに達していたことにある。図２－１が示すように１９６０年あたりから離婚／婚姻比は上昇を始めたのである。すなわち、０・２強から０・５を超える高さに増加したという急激な上昇で、この時期はまさに離婚のラッシュ期だったのである。１９８０年あたりから離婚率は落ち着いたかのような傾向を示しはじめたことは特筆に値する。今や離婚は一見沈静化したように解されるが、実態はつぎのような事情がある。

図２−１　離婚件数対婚姻件数の推移（アメリカ）

注：離婚件数 ÷ 婚姻件数
出所：Statistical Abstract of the U.S. 2011

すなわち、図２−１で示すように離婚件数対婚姻件数の比率は、１９７５年あたりから一定であることがわかる。これは離婚数には変化がなくて婚姻数が減少した（つまり世の中での夫婦の数が減少した）ことを意味するので、離婚そのものが減少したのではないと理解しておきたい。換言すれば、アメリカの離婚数は今でも多いのである。婚姻数の低下については後にふたたび述べることにする。

一度離婚した人はつぎも離婚する確率が高くなる。二度離婚する人は三度目の離婚の確率がさらに高くなる。この言葉は離婚についてもう一つ重要な特色を物語っている。離婚を重ねればまた離婚するということなので、離婚経験者ほど離婚する確率が高いということになる。換言すれば離婚をする人は何度も離婚するとか、離婚性向は高いという意味である。これを統計学では「event dependence（事象依存）」と呼んでいて、失業する人は何度も失業するというのと同じで、ある事象の経験者はその事象をくりかえすという専門用語である。離婚の発生もこの言葉通りという事実は記憶するに値する。

まずもっとも関心の持たれるテーマは、なぜアメリカ人が離婚を望むかである。それについては表2－2が参考になる。これは、2008年にアメリカ・ミネソタ州で離婚の申し立てをした夫婦886組への調査であり、子どもを持つ夫婦がなぜ離婚を希望するようになったのか、その理由を順位によって示したものである。

この表から得られる印象として、ロシアの離婚事情とは相当異なる、ということがある。第1位と第2位そして第4位と第5位を別の言葉で表現すれば、相手と一緒に暮らすことが嫌になったということに要約される。それは貧困という経済困難、アルコールによる暴力、家が狭いという生活の苦しさ、といった物質的、あるいは身体的なことではなく、対話がないとか一緒にいても楽しくない、といった精神的な歓びに欠ける夫婦生活への不満に集中していると解釈できる。アメリカ人が離婚を望む最大の理由は、相手への気持ちや関心、あるいは愛情に欠けるようになったことにある。

第3位も貧困というよりも、むしろ浪費に走る姿が嫌になったと理解できるのである。もとより第6位の浮気（不倫）や第7位の性的な問題は、男女間の肉体的な性交渉のことなので、これらの順位は中程度として無視のできない理由であり、万国共通に男女間で起こることとしてアメリカも例外ではない。それらにつづいて第9位にアルコールや薬物の問題があるし、第10位と第11位の家事や子育てにまつわる問題が離婚を促す理由になっているが、これらは順位が低くかつパーセントも低い数字なので、深刻な理由とはなっていないのである。

　やや意外なことは経済的な破綻、あるいは困窮がここにはないことである。それはこのアンケートがミネソタ州という比較的裕福な州での調査であることと、白人の多い州であって低所得者の多い黒人の人数がこの州では少ないことが影響していると考えられる。後で述べるように、アメリカでは

表2—2　アメリカにおいて子どもが18歳未満である夫婦で離婚を希望する理由

順位	理由	割合
1位	気持ちが次第に離れた	55.0%
2位	一緒に話ができなくなった	52.7%
3位	相手のお金使い	40.3%
4位	相手の個人的理由	36.8%
5位	充分な関心がなくなった	34.1%
6位	浮気	34.0%
7位	性的な問題	24.4%
8位	好みの不一致	23.3%
9位	アルコールや薬物の問題	22.1%
10位	家事・家庭での責任の問題	21.3%
11位	子どもの養育に関する意見の相違	19.9%
12位	相手の余暇活動	18.3%
13位	相手の親族との関係	17.8%
14位	子どもの養育責任の問題	16.5%
15位	相手の働きすぎ	9.1%
16位	宗教上の相違	8.6%

注：アメリカ・ミネソタ州で離婚の申し立てをした夫婦886組への調査
出所：William Doherty (2011) “Reasons for Divorce” U.S.A. Today

貧困、人種はかなり重要な要因なので、表2—2で示していることはアメリカの白人社会における課題であって、経済的に困難でない人びとのあいだでの離婚事情と解しておこう。

女性の経済的自立

ここからの記述は数多くあるアメリカでの離婚研究の成果の要約である。アメリカにおける離婚研究は、①なぜ離婚するのか、②どういう人が離婚するのか、③離婚によってその本人、そして子どもの受ける影響、といったことに関心が集中しているので、それらを中心に要約してみよう。

①に関しては、女性の経済的自立ということがまず挙げられる。すなわち、女性の教育水準が高まったことによって労働者としての資質が高まり、女性の労働力率の上昇と賃金上昇の効果が大きくなった。しかもジェンダー意識の向上によって男性なり夫なりに経済的に従属したくない希望が女性のあいだで高まり、たとえ離婚したとしても経済的に暮らしていける自信が女性に備わったのである。結婚生活への不満があったとしても、経済的に苦労するかもしれないと心配して離婚に踏み切れない女性が減少したのである。これらはSteven Ruggles（"The Rise of Divorce and Separation in the United States, 1880–1990.", *Demography*

1997）によって明らかにされているが、後にふたたび言及する。

ここでは女性のことを中心に考えたが、じつは男性においても低学歴層と黒人を中心にした人種的なマイノリティは、離婚率の高いことがアメリカでの特色となっている。これらをまとめると、若年齢層と低学歴層、そして黒人の離婚率が高いということになる。あるいはこれら三つの性質のうち一つでも保持していれば、他の人とくらべると離婚率が高くなるのである。そしてこれらの人の離婚を促す要因は、低い所得による経済生活の破綻というのもその一つである。

男女の生活様式の変化——同棲の増加

離婚率が１９７０年代から80年代にかけて、多くの国において急上昇したのであるが、21世紀に入るといくつかの国、特に先進国において減少の傾向を見せる国が出てきた。アメリカは図２－１で示した通りであるが、イギリス、ドイツ、フランスなどもそれに似たパターンを示した。その一つの大きな理由は、そもそも結婚する人の数が減少する時代に入ったので、離婚の数も減少する時代になった、というのがここでの結論である。なお日本もここ数年はやや離婚率の低下が見られるが、ここではまだ議論しない。

男女の結婚形態、あるいは結婚せずに同棲する姿がどうなっているのか、いくつかの国を比較してみよう。図２－２は、日本、韓国、アメリカ、フランス、スウェーデンの５ヵ国について、20代から40代の男女がどのような生活形態、あるいはカップルを成しているかを示したものである。その形態とは空白の「わからない」を含めれば、四つの種類があって、実質は次の三つ、すなわち結婚、同棲、未婚・未同棲、である。ここでいう結婚とは当局に結婚届を出して法律的に夫婦になっていること、同棲とは男女が二人で住んでいるが結婚届を提出していないことを指す。

日本と韓国は結婚しているカップルが６割を超しているが、アメリカは半分弱、フランスとスウェーデンは40％前後の低さである。それらを年齢別に見ると違いが鮮明となる。20代ではさすがにどの国も未婚・未同棲が多数派であるが、アメリカ、フランス、スウェーデンでは同棲の比率がそれぞれ18・１％、41・０％、28・８％と、未婚・未同棲を除くとその国では大きな比率となっている。それが30代となると、結婚しているカップルが最大比率となるが、フランスとスウェーデンでは同棲比率がそれぞれ32・０％、28・８％とかなり高くなる。40代となるとさすがにそれらの国でも同棲比率は低くなり、結婚比率が50％を超している。日本と韓国では30代から40代のすべての年齢階層において、圧倒的に結婚比率が高く、逆に同棲比率は２％以下というひじょうに低い比率なのである。

これらの結果の意味していることは、欧米諸国においては最近に至って男女のカップル

図2−2　結婚、同棲、未婚・未同棲の国際比較（2010年）

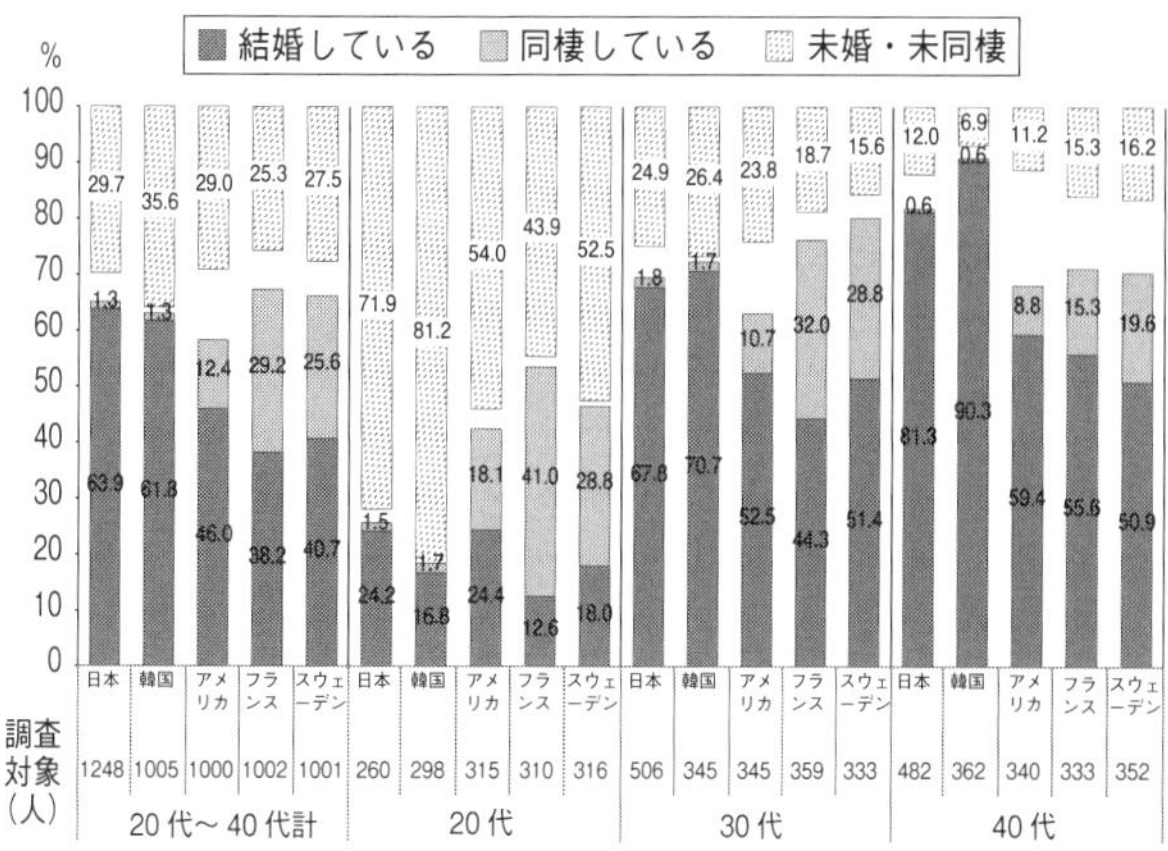

注：「未婚・未同棲」は100から「結婚・同棲経験あり」の割合を引いた値。空白部分には離死別・同棲解消・わからないを含む。
出所：内閣府「少子化社会に関する国際意識調査」（2010年10月〜12月実施の個別面接調査）

の多くが法的に結婚せずに、二人で一緒に住む同棲生活をしているということである。特に若い年代にそれが目立ち、40代になるとそれほど多くはないが、無視できない比率を占めているのである。

ここでの事実は離婚の評価に大きな影響がある。すなわち法的に届けを出して結婚しているのではないので、離婚する（すなわち法的に結婚を解消する）という現象はそもそも起こらないのである。具体的には、一緒に住むという同棲形態を解消して男女が別れたとしても、離婚ではないので数字上では離婚として計上されないのである。こう理解すると、最近になって欧米諸国において離婚率がやや低下したことを説明する有力な理由の一つは、多くの男女が結婚せずに同棲をしているからということによる。同棲をやめて男女が別れる行為も離婚に近い姿として理解できるが、統計の数字として把握できない。これは男女の結びつきや別れのことなので、同棲の解消まではここでは問題としない。

増加する婚外子

同棲が増加したことには別の視点からも興味がある。それは「婚外子」の増加である。法的に結婚しておらず、同棲しているか同棲していないかにかかわらず男女が性的に結びついて、子どもを持つ場合を婚外子と称するが、その現状を図2－3で見てみよう。図で取り上げたすべての欧米諸国において、1980年から2008年にかけて、婚外子の比率が上昇している。特にその比率が高いのは、スウェーデン、フランス、デンマーク、イギリス、オランダ、アメリカといった国々で、出生数のうち40％以上が婚外子である。ついでながら日本と香港というアジアはまだひじょうに少ない。

この図で示された数字は結婚していない母からの出生なので、同棲中かどうかはわからないし、一度きりの男女の性行為での出産も含まれている可能性がある。これは想像であるが、子どもをつくるかぎりにおいては育てるという義務を多くの男女のカップルは感じ

図2−3　世界各国の婚外子割合

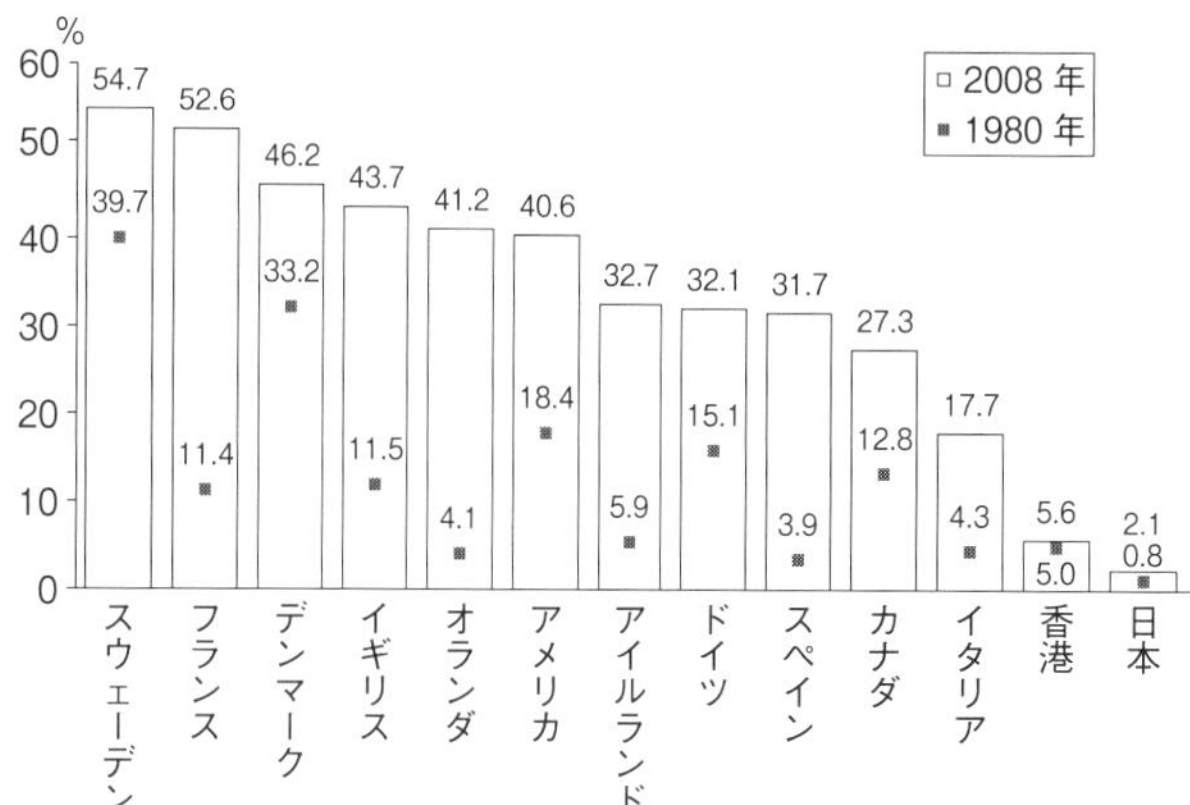

注：未婚の母など結婚していない母親からの出生数が全出生数に占める割合である。
ドイツ、香港の1980年はそれぞれ1991年、1990年のデータである。2008年について英国、アイルランドは2006年、カナダ、イタリアは2007年、香港は1997年のデータである。
出所：米国商務省、Statistical Abstract of the United States 2012（日本：厚生労働省「人口動態統計」、香港：Demographic Yearbook Special Issues 1999 Natality Statistics）

るので、おそらく同棲中の人が多いと思われる。あるいは同棲はしていなくとも、子どもができたとわかってから一緒に住みはじめるカップルは多いだろう。女性によっては相手の男性（すなわち精子の提供者）が特定できずに、日本でいう未婚の母、あるいは単身の母、で生き抜く人もいるかもしれない。とはいえ、婚外子の多くは、子どもを意図的につくることを否定しない同棲中のカップルからの誕生とみなしていいだろう。

　欧米、特にスウェーデン、フランス、デンマークなどで婚外子、あるいは同棲のカップルが激増したのにはつぎのような要因がある。もっとも重要な要因は、婚外子（非嫡出子）に関しては嫡出子とのあいだで、子ども手当の支給、遺産の授受、教育や福祉のサービスを受ける、といったことに関してまったくの差別がない、ということが大きい。別に結婚していない男女の子どもであっても、なんの不利や差別もないし、社会も一人の子どもとして少なくとも権利の面からは同等に扱うからである。

同棲の増加に関しては、社会において法的な夫婦とそうでないカップルのあいだで、それぞれへの見方や接し方に差がない時代になったし、結婚している夫婦にとってのメリットも少なくなったことがある。結婚していないカップルの相手を「パートナー」と呼ぶことが多いが、この言葉も市民権を得ている。それに加えて、法的に結婚していれば離婚手続きが簡単ではない（多くの国ではこじれたときには裁判を必要とする）が、同棲であれば比較的簡単に別れることができる、ということをメリットと考える人もいるであろう。

準家族の容認

ここで、フランスとスウェーデンにおける男女間の関係において、新しい動きがあるのでそれについて述べる。図2―4によって、アメリカを含めた3ヵ国の離婚率の推移を見てみよう。まず、フランスである。カトリックの国でありながら、離婚を禁じていない

図2−4　3カ国の離婚率推移（1947〜）

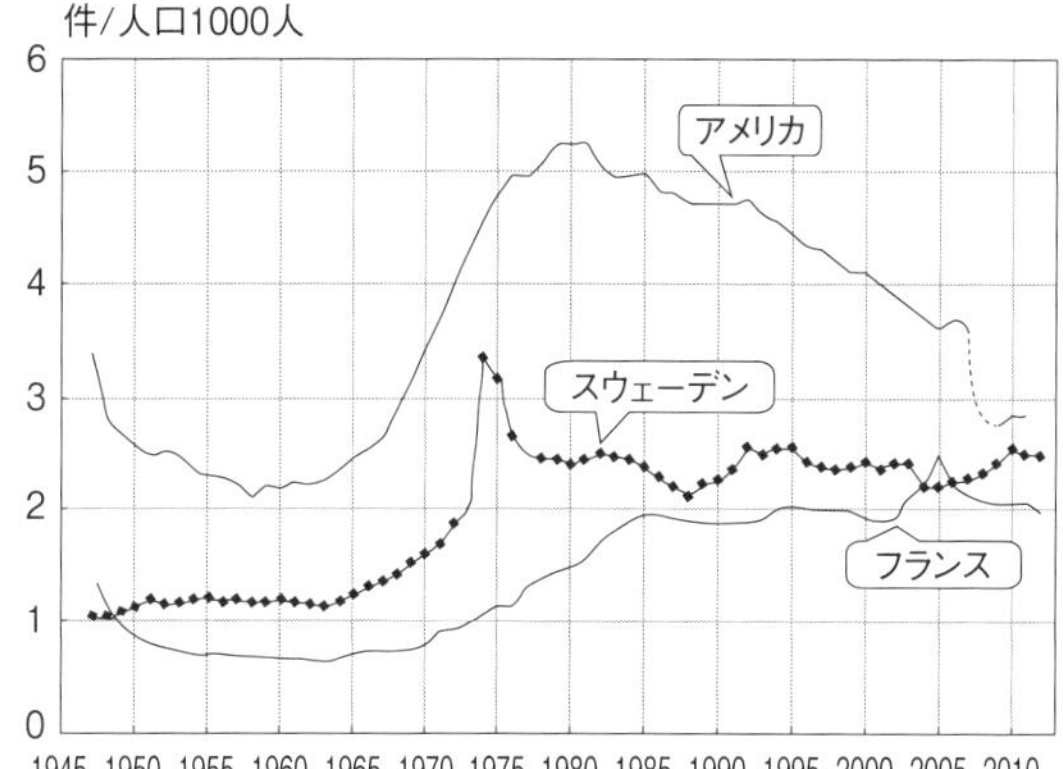

注：アメリカ1997〜2007年は米国商務省推計
出所：離婚に関する統計（平成21年度人口動態統計特殊報告）、Statistical Abstract of the United States 2011, UN Demographic Yearbook 2009-10, 2012, 2013

し、恋愛や性がかなり自由な国ということを認識しておきたい。社会生活において、男女関係が自由で華やかであり、我々日本人からすれば異常に感じられる行動であっても、批判を浴びたり制裁を受けたりすることはさほどない。二つの象徴的な例を示しておこう。ミッテラン大統領（1981年当時）に隠し子がいることが判明して記者に問われたとき、ミッテランは「それの何が問題なのか」という回答で一蹴し、不問に付された。また現大統領のマクロンは、24歳年上で3人の子持ちという再婚の女性と結婚した。これは学生の頃からの付き合いで、略奪婚として話題になったが、誰も問題にはしなかった。個人主義の徹底した国なので、個人の私的な生活と社会での生活を連関させないという風潮が強いと言えよう。伝統的な価値に固執することなく、恋愛を重要な人間の活動とみなすし、それに関しても個人の自由を尊重する。

フランスにおける最近の社会通念として、男女が結婚という制度にとらわれないカップル関係を好むようになったことが挙げられよう。結婚せずに同棲するとか、同居せずとも自由な性関係を持つ、などである。さらに、同性同士の結婚や同棲も珍しくない時代にある。自由な男女の結びつきは婚外子の誕生を促す。社会が婚外子の誕生を後押しする点は、特に強調されてよい。フランス政府は１９９９年に民法を改定して、ＰＡＣＳ（Pacte Civil de Solidarité, 邦訳すれば民事連帯契約）という制度を法律で定めた。婚姻よりも規制が弱く、異性ないし同性がカップルとなり、税や社会保険に関して夫婦並みの権利を享受できるようにしたのだ。成人２名による準家族の容認とみなしてよい。やや驚きなのは、片方の申し出だけでカップル関係の解消を容易におこなえるようにしたと解釈できることである。ＰＡＣＳに関しては小島宏「日仏両国におけるカップル形成・出生行動とその関連要因」（２０１２年）が参考となる。

２００８年ではＰＡＣＳの申請が14万６０３０件、婚姻件数が約25万９０００件だったので、ＰＡＣＳは結婚の半数以上にのぼっている。フランス社会に定着した制度と言えるだろう。フランス人は結婚よりも簡便なＰＡＣＳを選択しているのである。もしＰＡＣＳが結婚に代わる制度として定着すれば、世の中の離婚件数はかなり少なくなるだろう。もっとも、ＰＡＣＳ解消を離婚と書き換える策がありえないこともない。

フランスでは比較的若い年齢から男女の同棲が始まる。同棲のつぎの段階としてＰＡＣＳに入る人が多い。平均開始年齢は33歳前後なので、ほぼ10年前後の同棲を続けてからＰＡＣＳを申請する。ＰＡＣＳをどれだけの期間続けているかに関しては、２０１１年で33ヵ月なので、３年弱が平均だと言える。ＰＡＣＳ関係の解消についてはどうか。２０１１年に４万１３１５件の解消があったが、そのうち婚姻に至るのはあまり多くない。１万５６３３件であって38％に過ぎない。以上の数字は、先の小島の論文から知り得るが、これからわかるように、多数派はまた一人身になるのである。このことからフランスでは離婚という現象はかなりの少数派になると予想できるが、不倫にコミットするとか、ＰＡＣＳ中に婚姻する可能性もありうる。

スウェーデンにも似た制度があり、それは「サムボ」である。この法律は１９８８年に施行されたもので、事実婚（すなわち同棲）にあるカップルにも、法律婚とほぼ同様の権利と保護を与えたものである。フランスと異なる点は、ＰＡＣＳ婚は必ずしも法律婚に至るまでの中間の位置とはみられていなかったが、スウェーデンでは法律婚に至る前にサムボを経るカップルが90％前後に達している。サムボ法の下に生まれた子どもには、法律婚における子どもと同じ権利が与えられるが、興味を引くのはつぎの点である。すなわち、もしサムボのカップルが別れるときは、父母が共同で養育権を持てる離婚と異なり、母親だけに自動的に養育権を与えるのである。ただし、この場合でも父親には養育費支払いの義務は残る。女性にとって優位な制度を採用していると理解できる。とはいえ場合によっては共同養育権を得られる措置もある。

第３章　歴史から離婚を読み解く

明治時代の離婚率は高かった

現代の日本の離婚を論じるためには、過去の日本人がどのような行動を離婚に関しておこなってきたかを知ることがきわめて重要である。日本人における家族のあり方、宗教の果たした役割、経済的な豊かさなり貧困なりの影響、人びとの哲学・倫理・平等感などがどのような影響を持ってきたかを知れば、離婚の原因を推察できる。かつ、過去の日本人の離婚に関して知りうることが、現代の離婚を評価し将来の離婚を予想するに際して貴重な情報を提供するからである。

まずは明治時代の初期から現代まで、日本の離婚率が長期的にどう変動してきたかを確認しておこう。図3－1は1880（明治13）年から現代までの離婚率、婚姻率の推移を示したものである。この図によってわかることは、離婚率に関しては明治時代の初期と中期において、かなり高かったことである。そして1900（明治33）年頃に急激に低下する。その低下の理由については後に言及する。それ以降は緩やかな速度で離婚率は低下を続け、第二次世界大戦までその下降傾向は続いた。

戦後になって離婚率は一時増加したが、その後すぐに下降し、1963（昭和38）年には人口1000人比で0・73という戦後の最低値に達した。その後徐々に離婚率は上昇

図3−1　婚姻率と離婚率の長期推移

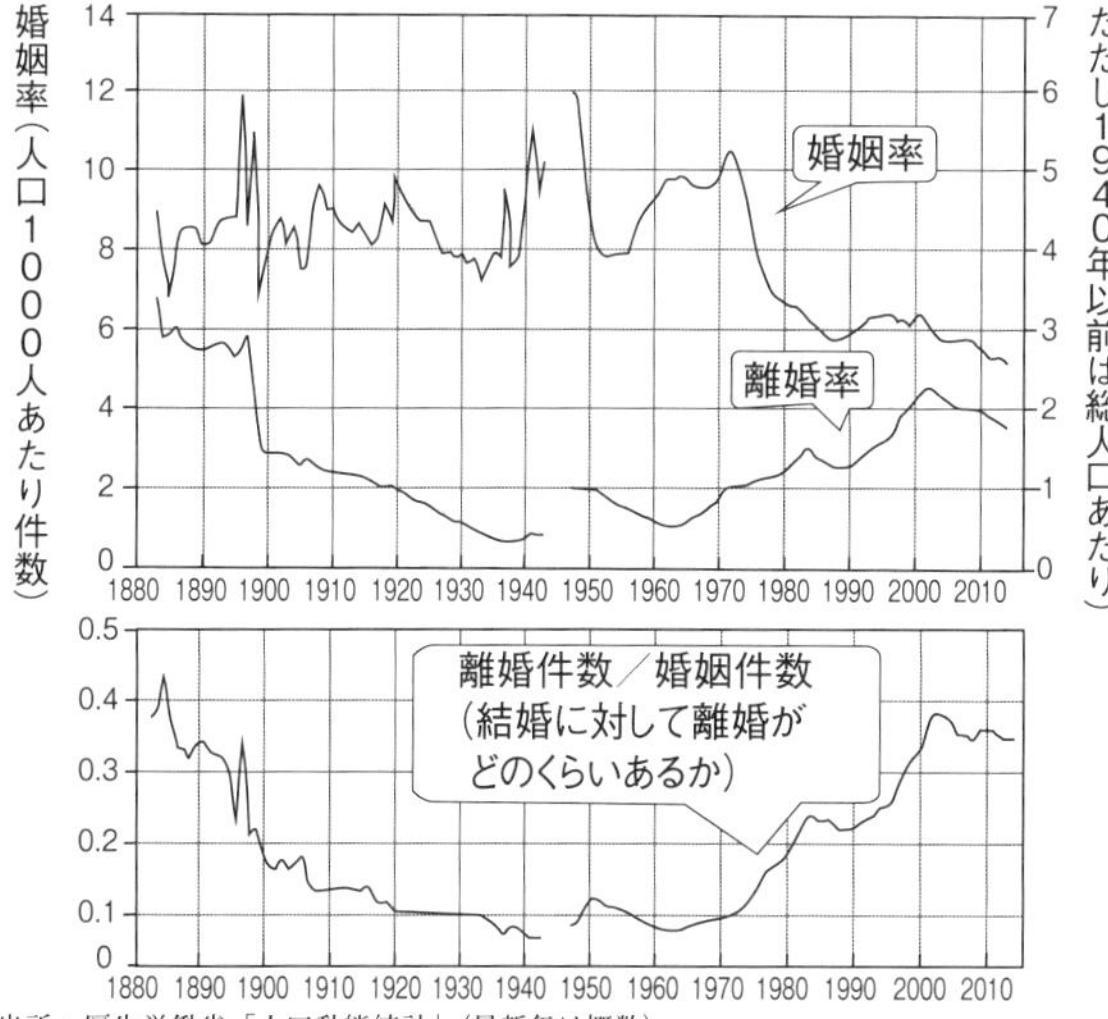

出所：厚生労働省「人口動態統計」（最新年は概数）

し、１９９０（平成２）年あたりからその増加率がさらに上昇を示し、２０００（平成12）年頃にピークに達してから、やや反転して下降するようになって現代に至っている。しかし戦後の長いあいだの低離婚率の時代よりも、その水準は総じて高いところにある事実は重要である。

　婚姻率に注目すれば、戦前はかなり激しい変動を示したのであるが、平均すると人口１０００人あたりおよそ８〜９人の水準であった。戦後になると１９５５（昭和30）年から１９７０（昭和45）年あたりまで上昇を示したが、その後はコンスタントに下降傾向を示しており、現代においてはかなり低い水準となっていることがわかる。よく指摘されることだが、将来は一生涯未婚である人の増加が予想されており、20%ほどの人が一度も結婚しないだろうという予測もある（例えば、国立社会保障・人口問題研究所による『人口統計資料集』など）。なぜ離婚の問題を扱うのに結婚のことを論じるかといえば、結婚があるからこそ離婚が起こるからである。結婚する人の数が多ければ（少なければ）、当然のごとく、離婚する人の数が多くなる（少なくなる）可能性がある。ただし、両者間の相関にまでは言及できない。

これまで述べてきたことをまとめると、離婚件数／婚姻件数の比率で見ると、つぎのように特色を要約できる。すなわち、戦前はその比率がほぼ下降の傾向を示したが、戦後になって上昇の傾向を示したのである。しかし21世紀初頭にそれがふたたび小さな下降の状況に転じたということになる。

一夫一婦制以前——明治時代の離婚

明治時代の初期と中期では、日本人はかなり高い率で離婚する傾向が見られたが、その理由をいくつか指摘しておこう。これに関しては湯沢雍彦『明治の結婚 明治の離婚』（2005年）が的確な分析をおこなっているので、それを参考にしながら我々の仮説をも加えて検討してみよう。

第一に、当時は結婚を続けねばならないという倫理観は上流階級、庶民階級ともに強くなかった。それを裏付ける根拠としては、例えば落合恵美子編著『徳川日本のライフコース』(2006年)が指摘しているように、江戸時代から性交渉が比較的に自由な行為であったことが大きい。封建領主や武士階級では側室を持つことや妾を囲い込むことはよく見られたし、庶民階級においては「夜這い」が村の生活のなかでおこなわれていたのであり、その慣習が明治になっても残ったと解釈できるのではないだろうか。このように性行為が比較的自由であれば、夫婦はいつ別れてもかまわないという気持ちを多くの人が抱くことになる。

とはいえ、これは別の種類の論点を生む。それは現代のように「一夫一婦制」が規範あるいは模範として存在しているなら、性の自由は不倫の原因になりうるので離婚に至ることがありうる。明治時代の民法の規定では「一夫一婦制」がまだなかったので、不倫による離婚というのは表沙汰にならなかったと考えてよい。

第二に、現代でもその家族形態は残っているが、祖父・祖母、夫・妻、そして子どもの三世代住居というのは家父長制の下では多く存在していた。家父長制というのは、姫岡とし子『ヨーロッパの家族史』(2008年)やエマニュエル・トッド『世界の多様性』(2008年)の指摘するように、例えば15~17世紀のドイツやフランスなどヨーロッパにも存在していたし、儒教の伝統のなかにいる国々では社会を規定する制度であった。一家の長は夫であり、妻や子どもは夫に従う慣習にあった。そして長男が家の跡継ぎであった。男の子のいない場合には、娘婿や養子が代役となっていた。

嫁が長男の家に入ると親、特に姑が待ち構えていて、その家にふさわしい嫁でないとわかると、離婚を迫られたのである。これは「追い出し離婚」と称される現象で、明治時代の前半ではよく発生していたのである。

この俗に言う「嫁姑問題」が近代の日本において深刻な家族問題となったことは事実であるが、明治時代の後期以降になるとそう簡単に離婚に走らず、家庭のなかで内なる闘いとして進む場合が多くなった。それは後に述べるように離婚がしにくくなったことがあるし、家庭内でこの嫁姑問題を深刻にならないようにとか、あるいは解決する手段がいろいろ講じられたこともある。例えば同じ敷地内で老夫婦は若夫婦と同じ棟に住むのではなく、別棟に住むとか、近所に住むといった工夫をしたのである。

第三に、社会全体の雰囲気として、離婚をするに際して明確な理由を打ち出す必要がなかったし、なんとなく嫌な配偶者というだけで、簡単に離婚に踏み込めたのである。それは本人たち夫婦のあいだでもそうであったし、夫婦間の仲はそう悪くなくとも親族との関係において、多少の不都合が生じただけで離婚することがあったのである。

第四に、離婚という手続きがルーズであったことが大きい。すなわち結婚すら法的に届け出が不明確だったので、離婚の届け出が必要なかったのである。後に述べるように民法の制定によって結婚が法律上のこととなったので、離婚が簡単にできなくなったが、それ以前においては想像できるように比較的安易に離婚できたのである。

多かった養子

以上が主として湯沢雍彦による理由であるが、いくつか筆者が重要と考える他の理由をも加えておこう。第一に、当時の日本では養子制度がかなり普及していたことの効果である。子どものいない夫婦や単身者を筆頭にして、他家からの養子を幼少の頃や、成人してからさえも入れることがごく一般的におこなわれていた。したがって離婚して子どもがいなくなるとか、農家や町人でも後継者がいなくなるということを、養子によって避けることができるので、逆に言えば離婚がしやすいという事情を認めると理解できる。湯沢・中原順子・奥田都子・佐藤裕紀子『百年前の家庭生活』（２００６年）によると、１８７２（明治５）年の武蔵国東部（現・埼玉県）の戸籍調査では、20代から60代までの男４１８名のうち１００名が「婿養子」とされていたし、明治20年代の浜名湖周辺の村でも戸主１２６名のうち養子によるのは29名であった。これらをまとめると、男性の４人に１人（すなわち25%）は養子ということになる。養子制度の存在は確実に離婚を促進したのである。

第二に、武家を筆頭に家系を保持することは江戸時代から明治時代にかけてのとても重要な慣習だったので、夫婦に子どもがないとか、あるいは妻の不倫が明らかになると、夫から「三下り半」という書状で妻に簡単に離縁状を送ることが容認されていた。いわば男社会のなすことが容認されていた時代を明治時代も引き継いでいたところがあったので、離婚が多かったことは想像できる。

民法制定の影響

ところがである。1898（明治31）年に明治政府によって新しく民法が制定・施行された結果、離婚の数は急減することとなった。明治30年には12万4000件もあった離婚数が、31年には9万9000件、32年には6万6000件と半分近くまで減少したのである。離婚の数が急減したので、この民法制定の影響はじつに大きかったと解釈される。真実はどうだったのであろうか。

民法、そして戸籍法の施行によって戸籍が制定され、かつ離婚は届け出制となったので、確かに戸籍簿に「除籍」と書かれるようになったことの効果はある。いわゆる「家」制度の確立が民法によってなされたのであり、離婚は「家」にとって恥であるとの感覚が生じたので、離婚を思いとどまらせる原因となったのは確実である。

もう一つの民法施行の効果は、「家」制度の確立が離婚による親権者を父親に限定したので、母親が子どもと別れることを嫌って離婚に踏み込まないことに表れた。これを側面から支持したのは、離婚は夫婦間での協議によってのみ成立すると定められたことで、それにより以前のように夫が一方的に妻に離婚を迫る時代でなくなったことが大きい。妻は子どもと別れたくないために協議離婚に応じなくなったのである。

逆にこれらの効果は、いわゆる「嫁姑問題」を深刻にした可能性がある。なぜなら簡単に離婚できない状況となり、夫婦関係が冷えているところに夫の親が同居しているからである。姑は多くの場合息子の味方になるだろうから、嫁との関係がますます冷え切ってしまう可能性は高いのである。もう一つの影響は、妻との関係の思わしくない夫が別の女性と性交渉を持つようになって、いわゆる不倫の発生する可能性が増加したのである。その証拠として、明治時代の後期になると婚外子（すなわち非嫡出子の子ども）が1907（明治40）年には出生児の10％弱も存在したのである。不倫の横行が読みとれる。

しかし、これら二つによって離婚にまで至ることをできるだけ避けようとしたというのが、明治時代の後半から終戦までの夫婦のあり方だったのである。

三界に家なし——大正時代の離婚

大正時代に入ると世間は「大正デモクラシー」と称して、人間性豊かな自由で民主的な生活が送れたような印象を持つが、このことは誇張ぎみのところがあり、実態は明治時代と変わらない旧社会であった。具体的には「家」制度は厳格であったし、家父長制の下で夫の権限は強く、妻は夫に従うことを強要された。離婚しようものならたちまち生活苦に陥るのは女性なので、結婚にしがみつかざるをえない妻の姿があった。そして世間では離婚して実家に戻った女性は「出戻り女」と呼ばれて、半ば蔑視の対象とされたので、離婚に踏み切らないのが実情となっていた。

これらのことを端的に示す言葉として、「三界に家なし」が湯沢『大正期の家族問題』（2010年）で引用されており、女性の弱い立場を象徴している。「女三界に家なし」の三界とは仏教用語であり、「欲界・色界・無色界」のすべての世界を表す言葉で、女性はどの世界においても安住の家がない、ということを意味している。すなわち、子どものときは親に従い、嫁に行っては夫に従い、老いては子どもに従わざるをえないので、一生にわたって、自分の家はないということになる。こういう状況が女性の立場を示すのなら、離婚などはよほどのことがないかぎり、女性にとっては選択肢から外されているということになる。

ここでこのような状況に追い込まれた女性の幸福について考えてみよう。嫌な夫、あるいは姑、あるいは嫌な家庭生活を捨てて離婚した方がいいのか、それとも離婚しない方が幸せなのかどうかが論点である。現代であればそういう嫌な生活を捨てた方が幸せであることはかなり確実であるが、当時は必ずしもそうとは言えない側面もあった。なぜならば、離婚した女性には「貞女は二夫に見えず」という儒教思想が結構流布していて、死別や離婚によって一人身になった女性の再婚は容認されない雰囲気が社会にはあった。男性の再婚は許されるという理不尽な時代だったので、今の時点から評価すると女性は弱い立場にいたということになる。後に示すことであるが、現代では、女性が離婚を言い出し、そして女性は再婚をさほど望まないので、時代の変化はまことに興味深い。

そういう時代にあえて離婚した女性は世間から冷たい眼で見られるし、何よりも女性の稼ぎ口は限られていたので、一人身になれば貧困に陥ることは明白である。経済的に苦しい立場になるよりも、精神的に苦しい結婚生活で我慢した方がまだまし、と判断する女性もいるかもしれない。換言すれば、精神的な苦痛による結婚生活の不幸よりも、経済的に心配の要らない結婚生活の幸福を優先する女性がいるかもしれない。もう一つには子どもと別れたくないという希望が強かったことが挙げられる。

経済生活の重視か、精神生活の重視かの選択は個人の好みによるので、どちらの女性の生き方が好ましいかの判断はできない。しかし明治以降、大正期、そして昭和期の大部分の期間において離婚率が低かったことは、離婚することによって経済的に苦労することを避ける女性が多かったと解釈できるので、当時の女性は経済的な幸せを多分不本意ながらも重視したのであろう。そして家庭内の結婚生活の不和には眼をつぶって我慢、という忍耐の強い女性が多かったのである。

経済発展と格差社会——昭和時代前半期の離婚

図3―1で示したように民法制定後に離婚率は急激に低下し、その後のゆるやかな低下は昭和時代に入っても続行したし、この時期は日本の過去100年間のうちでもっとも離婚の少ない時代であった。初婚夫婦のほとんどがどちらかの死亡まで結婚生活を続けるという、平和でのどかな(?)夫婦生活・家庭生活だったのである。

なぜこの時期に日本人は離婚しなかったのか、大正期で述べた理由がそのまま当てはまると考えてよいが、昭和時代に入ってからの新しい理由もある。日本は昭和の時代に欧米諸国よりかはまだ遅れていたが、ますます経済は発展したので国民の生活水準は少しは向上した。そうすると国民は平穏な経済生活を送れると感じて、まずは家庭生活の安泰を望んだ。これが結婚生活の安定をもたらしたことは確実である。ここで経済学からの一つの解釈を述べておこう。大正時代から昭和時代にかけて日本は産業革命を経験して、資本主義は発展を見て工業国家へと進む道を歩んだ。軍事力と並んで経済力が強くなったが、その一因として家庭生活の安定がある。すなわち安定した家庭があったからこそ、働き手としての夫はよく働き、妻は夫を支えたのであった。こういう家庭の下では労働力供給がスムーズになされたので、経済は強くなったのである。

とはいえ湯沢『昭和前期の家族問題』(2011年)、橘木『日本の経済格差』(1998年)や『21世紀日本の格差』(2016年b)が強調するように、日本における格差社会が顕著になったのが昭和の時代であり、農村での大勢の小作人は貧困生活を強いられていた。以前から存在していた大土地所有化がそれまで以上に進展した結果でもあった。特に飢饉が発生したときの農村の実状は悲惨でもあった。さらに資本主義の発展によって都市部の工場労働者は低賃金と過酷な労働条件に苦しんでいた。『21世紀日本の格差』、同『日本の経済学史』(2019年)が指摘するように、マルクス経済学の導入と発展はこのような労働者の実態を経済学として解明するもので、日本でもマルクス経済学は勢いを増しつつあったのである。

このように下層階級にいる人の生活はひじょうに苦しく、男も女も単身で生活するだけの稼ぐ力がないので、二人が働く結婚生活によってのみ、何とか生きるだけの稼ぎを得られたのである。そうすると離婚などをしている状況にはなかったと解釈される。換言すれば、生きていくために結婚生活を続けざるをえなかったが、格差社会の下層にいる人びと（そういう人びとが全人口のなかで圧倒的に多い）の生活だったというのである。

軍国主義下の離婚

もう一つ昭和前期に離婚が少なかった理由がある。それは当時の軍国主義と資本主義の影響である。日本は帝国主義の時代に入って、アジア各国の領地を手に入れるべく軍隊が海外に進出するといったように、軍事色が強くなっていた。集団主義と国家統制の強い時代に、個人主義の発露である離婚が奨励される雰囲気はなかったのである。家族を大切にして、子どもを育てるという目標が賞賛されたのも、背後には軍事のための兵隊員の確保と、経済を強くするための労働力の確保、という現実的な目的が潜んでいたのである。

このように離婚率はひじょうに低かったが、それでも離婚の発生がゼロではなかった。どういう理由でもって離婚に至ったのであろうか。離婚は当事者同士の話し合いによる協議離婚が圧倒的に多かったが、裁判による離婚もほんの少しであるが発生していた。幸いなことに裁判資料として、原因別の離婚の統計があるので、それを参照しながら当時の離婚理由を考えてみよう。裁判による離婚決定は、両者の関係がひじょうに険悪な状態になってからの裁決なので、特殊なものと思われるかもしれないが、協議離婚の理由も裁判離婚と大差がない。前者は大きくこじれる前に合意をめざしたのであり、後者はそれをめざしたが不可能だったので法律と裁判に任せただけであり、理由までたどれば大差はないとみなしてよい。

「悪意の遺棄」

表3－1は裁判による離婚に関して、その原因別の件数を示したものである。この表で興味を引く点はつぎのようなものである。第一に、夫（男性）からの離婚提起が14年間の合計で1128件、妻（女性）からの提起が4089件で、夫からの比率がほぼ5分の1、妻からの比率がほぼ5分の4と、圧倒的に離婚は妻からの希望、発議で発生しているのである。これは現代でも妻からの提起の方が夫のそれよりもかなり多いので、時代と関係なく妻の方が結婚生活への不満の程度が高いのである。男性が結婚生活に非協力的だからなのか、女性に忍耐心が足りないからなのか、ここではその理由には深入りしない。後にこれについては再考する。

第二に、もっとも多い理由は妻からに関しては、「悪意の遺棄」であり、夫からは「悪意の遺棄」と「妻の姦通」がほぼ同数の最大理由である。したがって「悪意の遺棄」が日

表3−1　昭和初期の離婚原因別裁判離婚件数

（夫からの提起）

	旧813条	I	II	III	IV	V	VI	VII	VIII	IX	X
	総数	重婚	妻の姦通	夫が姦淫罪	処刑	配偶者より虐待または侮辱	悪意の遺棄	配偶者の尊属虐待または侮辱	配偶者が自己の尊属に虐待または侮辱	生死不明3年以上	婿養子の場合の離縁
昭和2年	72	0	20	0	2	6	30	1	0	13	0
3	59	1	20	0	2	7	22	0	0	7	0
4	81	2	27	0	3	7	29	3	2	8	0
5	81	3	32	0	0	7	29	0	2	8	0
6	69	1	24	0	2	7	24	0	1	8	2
7	69	0	29	0	1	7	22	0	1	9	0
8	78	1	37	0	1	8	24	0	2	5	0
9	79	1	29	0	1	6	29	1	3	8	1
10	89	0	38	0	3	4	33	0	0	11	0
11	77	1	35	0	1	8	18	0	0	14	0
12	86	1	26	0	3	11	27	1	0	16	1
13	81	3	19	0	2	10	35	0	2	10	0
14	85	1	28	0	3	9	28	2	0	13	1
15	122	2	36	0	2	11	44	1	2	23	1
計	1,128	17	400	0	26	108	394	9	15	153	6
(%)	(100.0)	(1.5)	(35.5)	0	(2.3)	(9.6)	(34.9)	(0.8)	(1.3)	(13.6)	(0.5)

（妻からの提起）

	旧813条	I	II	III	IV	V	VI	VII	VIII	IX	X
昭和2年	305	4	0	3	45	41	132	1	5	70	4
3	314	0	0	4	39	53	131	2	4	76	5
4	358	1	0	3	19	66	171	2	9	79	8
5	297	0	0	2	26	59	127	2	7	72	2
6	260	1	0	2	25	55	102	3	3	65	4
7	272	5	0	2	19	50	117	4	2	69	4
8	295	2	0	5	24	52	127	6	6	70	3
9	340	3	0	3	44	62	153	2	5	61	7
10	305	0	0	0	41	66	123	5	4	58	8
11	296	2	0	0	34	70	131	2	2	53	2
12	297	2	0	2	36	61	127	2	4	61	2
13	263	0	0	1	36	46	126	1	5	46	2
14	240	4	0	1	22	33	113	1	3	58	5
15	247	0	0	1	27	33	101	1	5	76	3
計	4,089	24	0	29	437	747	1,781	34	64	914	59
(%)	(100.0)	(0.6)	0	(0.7)	(10.7)	(18.3)	(43.5)	(0.8)	(1.6)	(22.4)	(1.4)

出所：太田武男『離婚原因の研究』統計資料その2より算出

本での離婚の最大理由と解釈できる。「悪意の遺棄」とは法律用語で、民法では「夫婦は同居し、互いに協力し扶助し合なければならない」と書いてあり、これらを義務とすればその義務を意図的に放棄することと解してよい。それらがまずは口論として出現するのか、つぎには暴力として出現するのか、いろいろであろうが、故意に生活費を渡さないとか、相手を家から追い出すという行為が含まれることとなる。

第三に、妻からの言い分として、夫の行為が「虐待または侮辱」にあたるとするものが、かなりの数に達している。これらも悪意の遺棄に近いとみなしてよい。これらは暴力や言葉による虐待や侮辱であり、現在でいえば、DVにあたることが夫婦間でおこなわれていたことがうかがえる。

第四に、夫からの言い分として「妻の姦通」はかなりの数になっているが、夫の姦通は数字として計上されていない。当時では夫の不倫は、妾が半ば公認されていたこともあって、かなりの数に達していたし、社会からの夫への制裁はほぼなかった。妻にとってそれが離婚の請求理由にならないという非対称性の際立った現象である。まさに男社会、女を見下す社会、という当時の社会の風潮が如実に出ていたきわめて不公正な時代だったのである。

第五に、「処刑」という原因が夫からは毎年数件、妻からは数十件に達しているが、これは配偶者が罪を犯して罰を受けたことを意味している。刑務所に入るような犯罪を起こした人とは婚姻を続ける必要なし、という合意が社会にあったわけで、裁判所による真っ当な措置である。男性の方が女性よりも数多くの罪を犯していることが読みとれるのである。

第六に、「生死不明3年以上」という理由が、夫からの提起で毎年十数件、妻からの提起で数十件ある。これは妻、そして主として夫が家を出ていく行為に端を発して、3年以上音沙汰のないことを意味しているのである。ここでも男性の方が女性より数多く、無責任体質の姿勢が男性にあると言ってよい。

以上をまとめると、昭和初期における離婚の大半は、夫がなんらかの責任を放棄する行為をおこなって妻の反感を招き、妻から離婚の提起をおこなってそれが認められるということである。それが夫のどういう具体的な行為によるものかは数字上では示せないが、暴力、虐待、酒乱といったことから始まって、働かない、生活費を提供しない、家庭のことにきわめて非協力的、といったことが原因として考えられる。そして夫の不倫もかなりの数見られたのである。家父長制の下で服従を強いられた妻は、我慢に我慢を重ねて結婚生活を続けるのであった。離婚すればたちまち生活苦に陥らざるをえない女性には、どうしても離婚に踏み込めない事情がそこにはあったのである。

戦前の東高西低から戦後の西高東低へ

日本の離婚を問題にしたとき、東日本と西日本において離婚率や離婚に至る経緯を含めて、かなり様相が異なるということを論じてみよう。結論を先取りして述べれば、おおまかには戦前においては離婚率は東日本で高く、逆に西日本で低いという特色があったが、その後になってそれが逆転して、東日本が低くて西日本が高いという現象となっている。ここではなぜこのような戦前の東高西低から戦後の西高東低に移ったのか、さまざまな視点から議論してみたい。

具体的にいつ頃この特色が逆転したかといえば、１９１０（明治43）年頃がその境界時点とされている。なお東西を分ける地域は、近畿地方以西が西日本、中部地方以東が東日本と考えてよい。ところが、中部地方といえども北陸地方はやや独自の特色を持っているし、東日本でも東北地方と北海道ではこれまた異なる様相を示していることを後に述べる。

まず前半期の１８８３（明治16）年の道府県別の離婚率に注目すると、加藤彰彦「離婚と家族構造の地域性」（２００８年）によると明らかに全体として東日本で高く、西日本で低いという傾向がわかる。例えば東北地方や一部の北関東地方では３・５〜４・０％の水準に達していて、離婚率が高いのに対して、九州、四国、中国、近畿の各地方は3・0%以下が多くて離婚率の低いことが示されている。

家族形態の違い

なぜ東日本が高くて西日本が低かったのか、我が国では家族形態の違いによる解釈が優勢である。例えば清水浩昭『人口と家族の社会学』（1986年）、大間知篤三『大間知篤三著作集　第一巻　家の伝承』（1975年）、武井正臣「西南日本型家族における相続と扶養」（1971年）が主張するように、東日本では一つの敷地に一つの大家屋があって、祖父母・父母・子どもが同じ棟に同居する家族形態（すなわち単世帯制）が主流であったのに対して、西日本では一つの敷地内に複数の家屋があって、祖父母は隠居制家族として別棟に住んでいるような家族形態（すなわち複世帯制）が主流であったとされる。

ここではこのような家族形態の違いが離婚率の差となって出現したのかを解明する必要がある。いくつかの仮説を提示できる。

第一に、東日本型のように三世代が同じ棟に同居していると、嫁姑関係に象徴されるように、老夫婦（あるいはどちらかが亡くなっていてもよい）と子ども夫婦のあいだで、毎日顔を合わせるだけに種々のあつれきが発生することは避けられない。なんとか穏便に済ませる努力のなされたことは確実であるが、子ども夫婦が離婚に踏み切ることがままあった。一方の西日本型であれば、老夫婦と子ども夫婦が別棟に住んでおり、あつれきの起こる確率が低くなるので、離婚に至る確率も低くなるのである。

第二に、明治期・大正期であれば多くは農水産業によって経済生活を営んでいたのであり、東日本は寒冷地なので農業の不作や、漁業の不振に見舞われることがしばしばあった。経済生活が破綻に陥ったときは夫婦生活を続けられないことが発生し、ついには離婚ということにつながるのである。

第三に、これは加藤「離婚と家族構造の地域性」からヒントを得た仮説であるが、農業・漁業というのは基本的に自営業である。自営業を営んだ老夫婦とその仕事を引き継いでいる子ども夫婦が、農業や漁業の営み方をめぐって対立することがある。自営業家庭の離婚率は会社員の夫と専業主婦の家庭よりも離婚率の高いことがわかっているので、東北地方に多い自営業家庭において離婚率が高くなる要因となりうる。特に子ども夫婦の妻は家族従業員のような扱いを受けるので、労働者、妻、母、そしてときには義理の老親の介護、という三重・四重の苦悩を背負わされ、たまらなくなって離婚に至るケースとなりうるのである。

夫への依存度の低さ――戦後における東西の差

では戦後になって地域別の離婚率はどう変化したのであろうか。表3―2は2017(平成29)年におけるトップ10とボトム10を都道府県別に示したものである。この表から得られる地域別の離婚率の違いをまとめれば、つぎのようになる。

第一に、東日本と西日本の違いに注目すれば、いくつかの例外の都道府県はあるが、戦前とは異なり西日本の方が東日本よりも離婚率が高くなっているので、過去とは大きく変化している。その変化の理由については後に言及する。

第二に、格別に離婚率の高い都道府県は沖縄や北海道など最南端と最北端の県・道という特色がある。ついでながら大阪、福岡、東京といった大都市圏も高い。逆に格別に低い県は新潟、山形、富山、石川といった北陸地方などの日本海側に際立っている。

これら二つの特色の見られる理由を探求せねばならない。第一の東日本と西日本の対比であるが、戦後になって家族形態なり構造なりはかなり変化したとはいえ、基本的には東日本の単世帯制、西日本の複世帯制の違いが覆ることはなかったと言ってよい。そうするとなぜ地域別の離婚率の差が逆転したのであろうか。三世代住居では離婚率が高く、同一敷地内の独立の棟に住む複世帯制であれば逆に離婚率は低かったのに、それが今では逆の効果となっているのである。

それを説明する鍵は、女性の自立心の違いだと筆者たちは判断している。たとえ西日本では複世帯制が残っていたとしても、西日本の女性は一般に昔から自立心が強いとされてきたので、夫婦の仲が悪くなったときでも女性が経済的に自立できる自信があることによって、夫と別れて一人で働くという決意をする人が多い。その代表が離婚率の高い沖縄県の女性の高い経済的自立心によって説明できる。逆に言えば、沖縄を筆頭にして夫への依存度が低いのが西日本の女性の性格なのである。

表3−2　離婚率のトップ10とボトム10（2017年）

上位				下位			
	第1位	沖縄	2.44		第1位	新潟	1.29
	2	宮崎	1.97		2	山形	1.33
	3	大阪	1.96		3	富山	1.34
	4	北海道	1.92		4	石川	1.36
	5	福岡	1.90		5	秋田	1.38
	6	和歌山	1.83		6	福井	1.41
	7	高知	1.79		7	岩手	1.49
	8	香川	1.76		8	岐阜	1.50
	9	東京	1.74		9	島根	1.53
	10	岡山	1.72		10	奈良	1.54

出所：『人口動態調査・人口動態統計』（2017年）

祖母の貢献

しかしこの論理は北陸地方の女性には当てはまらない。先ほど述べたように、そもそも北陸地方を西日本に入れてよいのかどうか議論の余地があるが、北陸の既婚女性は働いている率がひじょうに高く、しかも三世代住居の率も高いというのが特色なのである。経済的な自立心が高く、しかも単世帯制という三世代住居の家族特性がありながら、離婚率は低いという特色を有しているのである。

その謎を解く鍵は、三世代住居における老親（特に祖母）による家事と子育ての支援にある。戦後になって平均寿命が延びて老親はまだ元気なので、家事や孫の世話を充分にできるようになった。しかも産業構造の変化によって、農業や商業に従事する人の比率が減少して、妻は工場やスーパーで労働者として働くケースが増加した。あるいは夫だけが農業をして妻は近くの工場・オフィスで働くケースもあった。妻が働いても元気な祖母が傍らにいるので、家庭内の問題は顕在化しなかったのである。三世代住居がいい方向に作用して、子ども夫婦の離婚には至らなかった。ここで述べたことが北陸地方のみならず、東北地方での低い離婚率を説明する有力な根拠となる。

夫方親との同居の方がうまくいく

ここで興味深いことに、三世代住居の場合に夫方の親との同居、妻方の親との同居を比較すると、加藤「離婚の要因」（２００５年）では、夫方親同居の方が妻方親同居よりも家族としてうまくいくとしている。そうすると夫方親との同居の多い東日本で離婚率が低くなっていると説明できることになるし、妻方親との同居の多い西日本での離婚率が高いことの説明要因になりうる。いわゆる嫁姑問題や、実母・実娘や親と義理の息子とはうまくいくという通念とは逆のことを言っていることになり、興味深い仮説をもっと追究する必要がある。

最後に、大阪、福岡、少し低いが東京といったように大都会に住む夫婦に離婚率がひじょうに高い要因を論じておこう。このテーマはそれだけで一つの論文を書けるほどの大きなものなので、ここでは要因だけを列挙するにとどめておく。

まず第一に、地方より都会の方が古い風習などにとらわれないし、刺激のある環境のなかにいるので男女関係がオープンになりやすく、離婚の一つの原因である不倫が多い。第二に、都会では女性でも高い賃金の職業が多いので、自立できる女性にとっては夫に依存せねばならない経済問題が離婚の障害となりえない。第三に、一方で都会では貧困に苦しむ人も多いのであり、夫ないし妻の経済破綻が離婚を生む場合がありうる。

第４章　不倫——「存在の耐えられない軽さ」か

不倫は文化？

「不倫は文化」という台詞をご存知だろうか。１９９０年代に、不倫を報道された俳優が「文化や芸術といったものが不倫という恋愛から生まれることもある」と述べた。「何が悪い？　不倫は文化」という見出しがつけられ、「不倫は文化」というフレーズが連日報道された。たしかに古今東西を問わず、不倫を扱った文学作品は多い。フランス文学は、バルザックの『谷間の百合』、スタンダールの『赤と黒』、モーパッサンの『女の一生』、ロシア文学はトルストイの『アンナ・カレーニナ』、そして我が国では、井上靖による『猟銃』が挙げられる。

不倫について経済学から焦点を当てた著作として、ヴェルナー・ゾンバルトの著書『恋愛と贅沢と資本主義』を紹介したい。これは、19世紀ヨーロッパの恋愛と社会事情について精密に記述をおこなった作品である。ゾンバルトは、資本主義の成立要因として、贅沢な趣味・奢侈を媒介とした上流階級の恋愛、背徳的な不倫や売春を挙げた。すなわち、上流階級が不倫・売春を含め恋に溺れ、財布の紐を緩め、異性の気を引くために煌びやかな衣装を新調し、住居を飾り、夜な夜な宴を催した。ゾンバルトは、この恋愛・不倫と絡みついた贅沢・奢侈こそが資本主義の原動力であると述べた。そのおかげで現在の資本主義が華々しく成長したのであるから、そのような点に限定していえば、不倫は文化の賜物ともいえるのかもしれない。

本書冒頭でも言及したが、「人生では三度鐘が鳴る」とキリスト教式の結婚式の祝辞で聞いた。最初の鐘は生まれたとき、最後の鐘は死ぬとき、真ん中の鐘は結婚式の鐘だという。生まれるときと死ぬときの鐘は、自らで選ぶことができないが、結婚式の鐘は自ら選んだ相手と選んだタイミングで鳴らせることが多い。少なくとも日本ではそれが主流になりつつある。人は幸せになりたい、相手を幸せにしたいと結婚をしたはずなのに、なぜ不倫をするのだろうか。不倫をするのであれば、いつ、どのような人物がどのような相手を選ぶのだろうか。独身時代の恋愛と同様に不倫を通じて恋に落ちれば、相手が本気なのかはたまた遊びなのか気になることもあるだろうが、不倫がもたらす結末について知りたいのではないだろうか。本章では、進化生物学的・歴史的な考察を紹介しつつ、離婚の意思決定に影響を与える経済的要因について洗い出し、生物としての人間の動機からも不倫行動に焦点を当てたい。

本題に入る前に、不倫について定義から確認したい。不倫とは、配偶者の性的な独占のことを指し、「一晩のあやまち」から、プラトニックな関係、性交渉、オーラルセックス、ポルノなどさまざまである。しかし、法律用語では、不貞行為として、配偶者以外の相手との性交渉をさす。民法第七七〇条第一節第一項には、「配偶者に不貞な行為があったとき」に夫婦の一方から離婚の訴えをすることができると定められている。この場合、離婚の訴えを提起するために充分となる「不貞行為」とは、「特定の相手と不貞行為を繰り返すこと」すなわち特定の相手との複数回以上の性行為を示している。しかし、不貞行為が確認できない場合であっても、重なる逢瀬によって配偶者に寄せられるべき愛情が他の相手にいってしまい、「婚姻を継続し難い重大な事由」を起こしたとして慰謝料請求の対象となりうる。

第一章の図1―2「妻・夫別の離婚理由―申し立てに対する割合」を再参照してほしい。このうち、「異性関係」について見てみると、夫よりも妻からの申し立ての方が多い。これは、裁判所が仲介するような離婚においては妻が離婚を切り出しているということであるが、「あなたの浮気・不倫にもう耐えられない！」と主張し、揉めているということである。

先ほど述べたとおり、性行為があったかどうかが、法律において離婚を請求できる要因の一つであるが、「一線を越えなければＯＫ」というわけでもない。性行為に類似した行為があれば不貞として認められるし、プラトニックな関係でも不倫だと裁判で認められるケースがある。現に、我が国でも夫とその同僚女性のあいだに肉体関係がなかったものの、その二人のあいだには特別な関係が築かれ、妻に対する夫の態度が冷たくなったことを受けて妻の精神的なダメージを認め、その同僚女性から妻へ慰謝料を支払うように判決が下りた（大阪地方裁判所　平成26年3月）。

ちなみに大塚正之「不貞行為慰謝料に関する裁判例の分析（4）（2018年）」によれば、不貞配偶者と不貞相手の双方を訴えた13件についての請求額は平均638万円で、認容額は平均183万円、不貞配偶者のみを訴えたもの4件について請求額は平均350万円、認容額は平均90万円であるという。

アメリカ不倫研究の歴史

これまで多くの研究が、どのくらい不倫があるのか、そしてどんな人が不倫をしているのかを明らかにしようと挑んできた。しかし、インタビュー調査やアンケート調査票を郵送する方法では、自分が現在不倫をおこなっている、あるいは自分の配偶者が不倫をおこなっているからといって質問に答えてくれる人は少ないだろう。そのような問題を乗り越えるために、さまざまな工夫が講じられてきた。苦労して得られた、信用性の高いデータに基づいた、いくつかの学術研究を紹介したい。不倫研究の歴史はなかなか古く、40年ほど前に遡る。

Ray C. Fair による“A theory of extramarital affairs”すなわち「不倫理論」と名のついた１９７８年の論文では、１９６９年の *Psychology Today* 誌と、１９７４年の *Redbook*（こちらは女性のみ）という雑誌の郵送アンケートのデータを用いて、不倫の研究をおこなった。*Psychology Today* 誌のアンケートでは、初婚男性の27・２％が、初婚女性の22・９％が現在不倫中、*Redbook* のアンケートでは32・２％の女性が不倫経験があるという。

アメリカの National Health and Social Life Survey のデータを用いた Donald Cox の２００８年の研究によれば、25・２％の男性、また14・５％の女性がこれまでに不倫経験があると示した。

１９４０年代～50年代アメリカについての例を扱った A. Kinsey らの研究（*Sexual behavior in the human male*, 1948, 1953）でも33％の男性、26％の女性が不貞行為をしたことがあると明らかにしている。

さらに、近年の研究についても同様の傾向がみられる。２００１年から２０１１年にかけて追跡調査がおこなわれたアメリカのデータで、18～32歳の男女の不倫行動について分析をおこなった C. Munsch の“Her Support, His Support”（2015）でも、男性の12％、女性の９％が不倫をおこなったことを明らかにしている。すなわち、アメリカでは平均して、20～30％程度が不倫をしているのである。

話が脱線するが、経済学を学んだことのある者にはこの Ray C. Fair による1978年の論文を目にした経験のある者も少なくない。所得と株式保有高を見たときに、ある値までは株式はまったく保有していないために0を示すが、ある所得階層からは1000、1500……とどんどんと増えていくようなデータを「打ち切りデータ」と呼んで、このようなデータを扱うときにトービット・モデルという手法を用いる。この解説において「不倫理論」でのデータが例として紹介されることがある。

男の甲斐性か？

さて、アメリカでの研究蓄積とは対照的に、我が国における不倫についての調査はそう多くなく、サンプルサイズが小さい、質問が意図的……など、カジュアルなデータが混在するなかで、信頼しうるデータを3点あげたい。

一つ目に挙げるのは、セックスと労働時間について焦点を当てた玄田有史・斎藤珠里『仕事とセックスのあいだ』（2007年）で取り上げられた『AERA』調査である（本調査は2005年にインターネットを通じて行われた。なお、働いている人だけを対象にしている）。『AERA』調査では、現在不倫・浮気相手がいるか、「あなたは、いまのパートナー以外とのセックス」があるかを尋ねているが、男女別に見た場合、女性では5・1％、男性では

図4−1　既婚男性における性的関係者

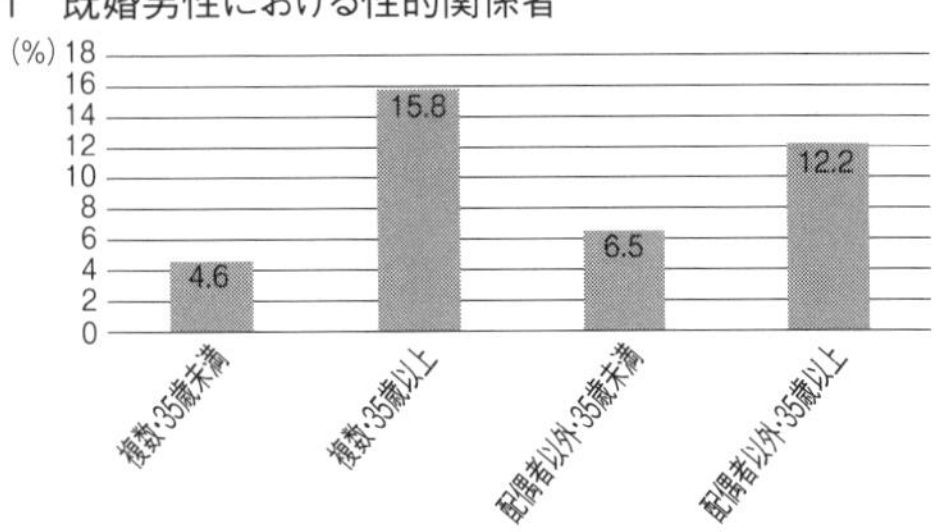

出所：厚生労働省「第4回男女の生活と意識に関する調査」(2008年)

9・0%が「している」と、現在不倫が進行中であることを明らかにしており、日本でもやはり男性の方が、高い割合であることがわかる。

二つ目は、相模ゴム工業株式会社が自社ウェブサイト上で2013年と2018年の1月におこなった「ニッポンのセックス」という調査である。47都道府県の20〜60代男女を対象にした、調査人数が1万4100名（1都道府県300名、性年代均等割付）という大規模な調査である。結婚相手・交際相手がいるとした回答者に「そのお相手以外にセックスをする方はいますか？」と現在進行中の不倫・浮気の有無について尋ねたところ（カッコ内は2018年のデータ）、男性では26・9%（26・4%）が、女性では16・3%（15・2%）が「特定の相手が1名いる」「複数の相手がいる」「特定ではないが、その相手以外ともセックスをしている」と答えている。なお、既婚者による不倫についての学術論文、五十嵐彰「誰が『不倫』をするのか」（2018

図4－2　既婚女性における性的関係者

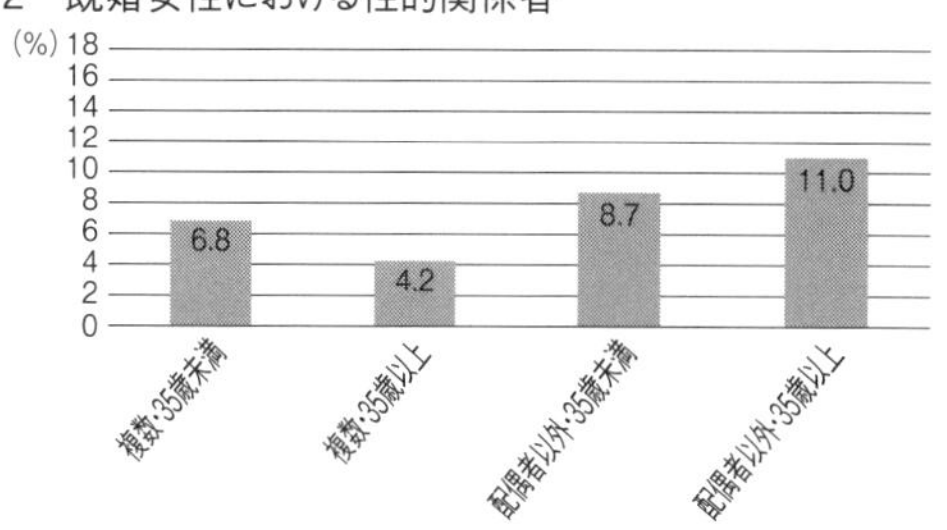

出所：厚生労働省「第4回男女の生活と意識に関する調査」(2008年)

年）によれば、２０１３年でのデータを用いた既婚者のみに絞った分析では、男性の24・８％、女性の14・０％が不倫を経験したという。

最後の三つ目として、かつては厚生労働省の研究事業であった「男女の生活と意識に関する調査」について取り上げたい。そのうち２００８年の「第４回男女の生活と意識に関する調査」では、既婚者の不倫の割合が示されているので、図４－１と図４－２で確認されたい。

まず、「過去１年間に複数のパートナーと性的な関係を持った割合」――すなわち、配偶者ともセックスをするし、他にも異性とセックスしている人のことである――は、既婚男性の場合、35歳未満は４・６％で、35歳以上は15・８％だった。

一方、既婚女性の場合は、過去１年に、夫も含めた複数男性との性関係があったのが、35歳未満は６・８％、35歳以上は４・２％存在する。

このデータからは、男性の方が、複数とセックスしている割合が高いことがわかる。余談ではあるが、アメリカでも男性の方が不貞をおこなっている割合が高いことがみられる。なぜ男性は他に女性を求めるのか、という話はさておき、先ほどのCoxの論文で示されているように、買春をおこなった男性を除いた場合では、男性の不倫経験率は25%から18%まで下落する。不倫の一部には買春が含まれているのである。残念ながら、Coxの論文に用いられた調査では、同様の質問は男性に限られており、女性には質問されていないので、女性の買春事情は定かでない。

つぎに、「現在決った相手以外（配偶者以外）と性的な関係を持った割合」、すなわち、配偶者とはセックスをしていないけれど他の人としている場合についてみると、既婚男性では、35歳未満は6・5%で、35歳以上は12・2%だった。一方、既婚女性では、夫以外と性的な関係があったのは、35歳未満は8・7%で、35歳以上は11・0%である。したがって、35歳未満では、夫よりも妻の方が、配偶者以外と性的な関係を持っていることがわかる。既婚者の不倫事情をまとめると、既婚男性は、複数の不倫相手がいても、妻ともセックスしている場合が多いのに対して、既婚女性は、夫とはセックスがない状態で、家庭外でのみセックスをしている割合が多いことがわかる。

離婚を我慢する憂さ晴らし？

33ページの図1－2「妻・夫別の離婚理由―申し立てに対する割合」の結果を確認すると、長期的には、異性関係を理由とした夫からの申し立ては1975年に22・8％だったのが2018年には13・8％に低下している一方で、妻側からでは1975年には34・3％であったのが2018年には15・8％と大きく低下していることが確認できる。これは端的に不倫や浮気の件数が減ったというよりも、不倫や浮気では裁判所にまでもつれこまなくなった、「うまく隠している」あるいは「配偶者の不貞を、わかっていて見過ごしている」ことと推測するのがよいのではないか。2002年以降離婚件数・離婚率ともに低下の傾向が見えるが、これは経済不況が深刻化して離婚したことで生活が苦しくなるのを見越し、離婚を我慢している代わりに、不倫で憂さ晴らしをしているとも考えられる。ここで離婚したら、お互いに経済的に、あるいは子どもの世話や家事のことなどで不遇になるかもしれないからだ。

「不倫の経済学」

なぜそう言えるのか、経済学の観点から紹介すべく、経済学の系譜を紐解きたい。

結婚行動についての経済学的な分析として著名なのは、Gary S. Becker による198

1年の研究 *“A Treatise on the Family”*（『家族に関する論文』）である。経済学の論理を社会学や政治学などの対象であった分野からさらに人間行動一般にまで広めたことが1992年ノーベル経済学賞受賞の理由になった。Becker が提唱したモデルでは、国同士の貿易と同様に、効率性とその利益の分配によって、結婚が成り立つことが示されている。夫婦の一方が賃金労働に比較優位を持ち、もう一方が家事労働に比較優位を持つのならばそれぞれ得意な仕事（賃金労働・家事労働）に専念し、働いて得た賃金や家事による食事をともに享受しよう、というものである。

氏に倣い、結婚、あるいはその最終的な生産物の一つでもある離婚行動についての経済学的な分析は山ほどあるものの、どのような社会経済的背景を持つ人が、――結婚生活のある種の副産物である――不倫をおこなっているのかということについて取り組んでいる経済学的な研究はそう多くない。この Becker の系譜を引いて、不倫についての経済学的な分析をおこなったのは先ほども紹介した Fair の“A theory of extramarital affairs”である。この論文では、前述の通り、1969年の *Psychology Today* 誌や1974年の *Redbook* で得られたデータを用いて、不倫行動の決定要因について分析をおこなっている。性別、年齢、結婚年数、子どもの数、信仰心、教育年数、結婚満足度の変数を用いて、不倫行動について分析をおこなった結果、不倫行動を決定する要因は、宗教への信仰心と結婚生活の満足度が大きく影響すると述べた。

壊れた夫婦関係を悲しく映す鏡

まず、宗教への信仰心についてみてみたい。不倫は「人が踏みおこなうべき道からはずれること」ゆえ、宗教の多くでは禁忌とされているために、宗教活動に頻繁に参加するような信心深い人は不倫をせず、このような結果が出たのだろう。さらに最近のMunsch(2015)の研究では、宗教行事に定期的に参加するパートナーほど、浮気する確率が低いという結果が得られている。

前述のFairの論文で取り上げられた二つの要因のうち、もう一方の、結婚生活の満足度について取り上げよう。配偶者が不倫したときに、「なんで不倫されたんだろう、最近冷たくしていたからかしら」と一度は自分との結婚生活のどこに不満があったのか、自責してしまうだろう。

結婚後の夫婦の有り様は大きく三つに分けられる。結婚を経てさらに幸せになり、離婚なんて到底考えられない場合1と、結婚したものの、相手の顔を見るのももう嫌だとふたたび独身に戻る場合2の他に、もしもっといい人が現れれば今の配偶者と別れて再婚したいという場合3がある。この場合3に不倫の動機が生じる。では実際に不倫する人びとは、今の配偶者とは幸せじゃないから他にいい人がいればいいなと思っていたのだろうか？

１９９１年から２００４年の米国General Social Survey（通称ＧＳＳ）によるデータを用いたElmslie and Tebaldiの２００８年の研究（"So, what did you do last night? The economics of infidelity"）では「あまり幸せではない」と答えた妻は「とても幸せである」と答えた妻よりも夫を裏切る確率が10％高いと示されている。不幸だと感じている妻はさらに浮気しやすく、「とても幸せである」妻より12％浮気しやすいという。結婚生活の満足度と不倫行動には相関関係が見られるということである。なお、日本のデータを用いた五十嵐彰「誰が『不倫』をするのか」（２０１８年）では、この傾向は見られない。

結婚生活に不満を持っている人が不貞行為を働き、配偶者もそうであってくれないかと思っていることを明らかにした研究（Buss & Shackelford, "From vigilance to violence", 1997）もあるし、関係の悪い男女ほど不倫をしやすいことに加え、不倫の結果離婚に至ることを明らかにした研究（Previti & Amato, "Is infidelity a cause or a consequence of poor martial quality?", 2004）もある。もちろん男女差はあり、男性が浮気をするのは、結婚する前の段階、恋人だったときから不満を持っていることに起因するという研究もある（Aron et al., "Infidelity", 2010）。

これらの先行研究から見れば、不倫は壊れた夫婦関係を悲しく映す鏡だといえるのではないだろうか。「私が家庭を壊したんじゃない、付き合い始めたときには家庭は壊れていた」という言葉は言い得て妙と言えよう。

不倫男女の経済的地位

不倫を単なる「遊び」としておこなう場合でも「新たなパートナー探し」の場合でも、合理的に行動する人であれば、不倫から得られるメリットを、不倫がばれる確率とばれてしまったときのコストを天秤にかけて不倫をおこなうかどうかを決定するだろう。新たなパートナーを見つけたはよいものの、慰謝料の負担が大きく、首が回らなくなって、新しい生活も崩壊してしまっては元も子もない。慰謝料などのコストは得られている収入から算出されるため、どのような社会階層にある夫婦、男女それぞれが不倫をおこなうのか見てみたい。夫だけでなく妻にも焦点を当てるのはなぜか？　これは、夫婦の一方が賃金労働に比較優位を持ち、もう一方が家事労働に比較優位を持つのならば、それぞれ専念するという時代とはなくなりつつあるからである。女性の社会進出と稼得所得が高くなった現在、夫・妻それぞれの社会階層に着目して不倫行動を分析しなければならない。

まずは、所得についてみてみよう。Cox の研究では、男性の収入と不倫のあいだには相関がほとんど見られないことが示されている一方で、女性の収入と不倫のあいだには相関が見られることを示している。先ほどの Becker のような理論に基づいていえば、配偶者の経済力に依存している場合であれば、不倫が発覚すれば家を追い出され明日からの生活に困ってしまうが、自分で稼いでいれば家を追い出されてもすぐに生活に苦しむことはない。

夫婦それぞれの所得のバランス

不倫をする・しないかが、配偶者との問題であれば、本人の所得の多寡についてのみ着目するのではなく、配偶者の所得とのバランスも考慮しなければならない。先ほど紹介した Munsch の研究（２０１５年）では、夫婦それぞれの所得のバランスと夫婦が不倫をする確率について注目している。図４—３は、Munsch の"Her Support, His Support"からの引用である。横軸に相対所得すなわち、夫（妻）が妻（夫）の所得に依存している比率を、縦軸に不倫をする確率をとっている。左端が夫、妻それぞれが相手の所得を完全に頼っている場合で、右端に向かって相手が自分の所得を頼っている場合となる。この図が示すことは夫の所得が高くなるほど、また夫よりも妻の方が稼いでいれば、夫が不倫する確率が高まるという。例えば、夫と妻がまったく同じだけ稼いでいる際には、夫が不倫をおこなう確率は２・２％である。妻が夫の所得に頼って生活——すなわち妻が専業主婦——して

図4−3　夫婦それぞれの所得のバランスと夫婦が不倫をする確率

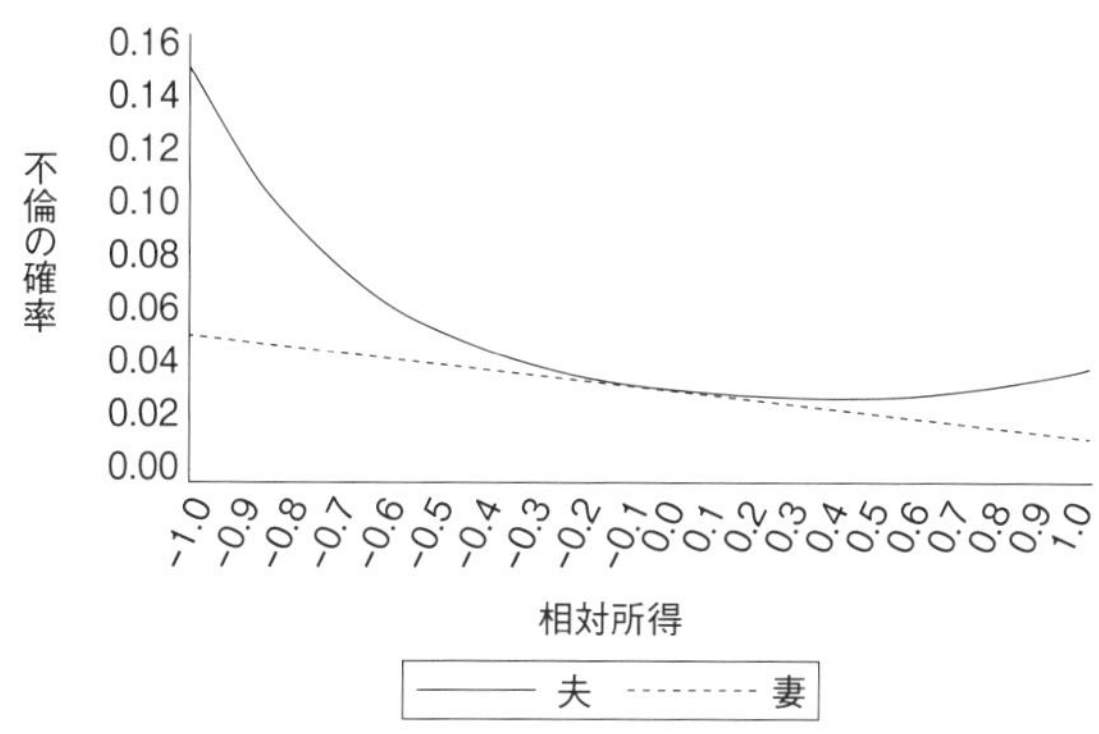

出所：Munsch(2015), p.483.

いる場合に妻が不倫をおこなう確率は3・1％である一方で、夫が専業主夫である場合に、夫が不倫をおこなう確率は7％であるという。

先ほど紹介した五十嵐彰「誰が『不倫』をするのか？」では、欧米の研究結果とは異なって、夫婦仲の良し悪しは不倫の発生要因に関係がないという結果が得られている。しかし、夫の収入が上がれば、また、夫よりも妻の収入が多い場合などには不倫が生じやすいという結果も得られていることから、夫の収入が不倫の鍵というのは世界共通の話なのかもしれない。

さて、同じ収入の多寡の話であるが、同じ専業主婦（夫）でも、夫と妻とで不倫確率がまったく異なるのはなぜだろうか。先の

Munschの研究（２０１５年）では、男性は、稼ぎが悪くなり、一家の大黒柱としての威厳が危ぶまれたとき、不貞を通じ男性としての威厳を保つことで男の面子を保ち、稼ぐ女性はこれ以上夫の面子をつぶしてはならないと不倫を避ける傾向にあるからではないかと、示唆している。

このように、人間の不倫行動について経済的な側面を見るだけでは不十分なので、近年では、「なぜこのような生物の性質ができたのか」という進化生物学の観点から不倫に焦点を当てた研究も多くなっている。これについては、Fairの研究を追うようにして不倫行動についての研究をおこなったJoel PotterやDonald Coxらの研究について紹介する。

男性は数を、女性は質を求める

Potter（“Reexamining the economics of marital infidelity”, 2011）は、Fairの研究は性差について考慮していないと指摘した点がひじょうに特徴的であるし、Coxの研究（“The evolutionary biology and economics of sexual behavior and infidelity”）は、不倫動機の性差に着目して経済学の観点に進化生物学の観点を加え研究をおこなった点が特徴的である。

先に紹介したElmslie and Tebaldi（2008）も、同様に進化生物学の観点から男女別に分けて実証研究をおこなった画期的な論文である。この論文によれば、男性は子どもの

「数」を増やすべく不倫し、女性は子どもの「質」を高めるべく不倫するものだと結論づけている。Coxの研究では同様に、男性は自分の妻よりも若い女性と不倫し、女性は自分の夫よりも高学歴の男性と不倫する傾向があると明らかにした。まさしく男性は子どもの数を増やすべく、妊娠しやすいと判断して若い女性を求め、女性は優秀な、優秀ゆえに生き残りやすいであろう子どもを残すべく、より優秀な男性を求めるのだろう。筆者の一人の橘木『男性という孤独な存在』（２０１８年）も同様に参考にされたい。

夫の浮気は甲斐性、妻の浮気は本気？

David Bussなど配偶者選択についての進化心理学研究によって、男性は体の浮気を許せない一方で女性は気持ちの浮気を許せないことを明らかにしている（Buss et al., "Sex differences in jealousy", 1992, Buss & Shackelford, 1997, Shackelford et al., "Emotional reactions to infidelity", 2000）。これは、男性は自分の子どもが残らないことを恐れ、女性は男性からの支援が打ち切られることを恐れているからだと考えられる。

なぜ、女性は精神的な裏切りを、男性は肉体的な裏切りを許せないのだろうか。これは、人類の歴史にも深く関わっている。農耕社会ができあがる1万年前までは、我々人類も狩猟採集社会であった。オスにくらべれば肉体的な能力が低く、妊娠・授乳・育児期間が長く、子どもの面倒に追われるメスはオスに食事の面倒を見てもらう、いわゆる、家庭内分業が合理的であった。すると、オスに養ってもらうためには、子どもがそのオスの子どもに相違ないとオスが確信できなければならない。オスへの一途さは自らの生活のために、メスへの一途さは自らの種を残すために必要な戦略だったので、オス・メス番(つがい)の単婚制度は確立したのである。男女の単婚ルールが表だって乱されると群内の協力関係秩序が壊れてしまい、群れの生存戦略上は不利となる。そこで狩猟採集民の社会（部族社会）では、男女の浮気・不倫は許されないとの強い規範が形成されていたと考えられる。すなわち、生きていくために助けあう必要があって単婚が重視され、不倫や浮気がタブーとなっていたのである。しかし、時代の発展とともに、他のオスに子どもを殺されもしなければ、日々大型肉食動物に捕食される恐怖におびえずに済むようにもなり、不倫や浮気が即座に死を意味することもなくなったのである。余裕があるからパートナー以外との恋愛に現(うつつ)を抜かすことができるといってもいいのかもしれない。

　戦前存在した姦通罪ではより顕著であり、夫の不倫は相手が人妻である場合にのみ刑罰が科される一方で、妻の不倫は相手が妻帯者であろうが独身者であろうが処罰されていた。これはもちろん、戦前の家制度の影響や女性差別と主張することも可能だが、人妻の不倫は男女ともに罰せられることに鑑みれば、子どもの父親を明らかにするためとも解釈できる。

「托卵」という女性の戦略

では、不貞行為があって子どもができた場合にはどうだろうか。生物学の観点からも、男性と女性が大きく異なる点の一つは親であることの確証性である。女性は約10ヵ月もの妊娠期間を経て産んだのだから、まちがいなく自分の子どもと確証を持てるも、男性は自分こそ、この子どもの父親であるという絶対的な確証はない。

ところで、自然界の動物のあいだには、卵の世話を他の動物に任せる「托卵」という習性がある。とりわけカッコウの托卵は、自分の卵を別の鳥の巣に産み落とし、そこにいる母鳥にわが子と勘違いさせることで、卵の世話を任せてしまうというものである。ニック・デイヴィス『カッコウの托卵』(2016年)によれば、近年ようやくカッコウの托卵について詳細が明らかになってきた。カッコウのメスは体温の変動が激しく、自分で体温調節をするのが難しいために母カッコウ自らが卵を温めても孵化しない可能性が高い。カッコウはそのままでは生き残ることができないので、種としての生存競争に勝ち残るための戦略として托卵という習性を身につけたのである。

もっとも人間は子孫を残すためのみに不倫をおこなうわけではないが、生活に困っている女性ほど、男性を頼りにして「短期的配偶」として不倫をおこなう可能性は高いだろうと考えられる。例えば、魅力的な男性に惹かれているものの、魅力があるゆえに浮気性で不誠実であれば、仮に子どもができたとしてもきちんと養ってくれる保証はない。そうであれば、魅力には欠けるものの一途で誠実な男性を結婚でつないでおいて、浮気性な魅力溢れる男性の子どもを持てば、より質の高い子孫を残すという生物としての本来の目的は達成されつつ自分と子どもの生活も保障される。

平均して生まれてきた子どもの10％は「托卵」によるもの、すなわち子どもの父親は別に存在するのだという研究もある（Buss, *The dangerous passion*, 2000）。それは、経済水準と密接に関わっており、最底辺所得層の男性が托卵されている可能性は30％程度である一方で、高所得層の男性で托卵されている比率は2％程度という結果からも、「托卵」は生存競争に勝ち残るための女性の戦略だということがよくわかる（ベイカー『精子戦争』、２００9年）。

人びとに満遍なく衣食住が行き渡り、平等な社会であれば、「托卵」はありえないことだったかもしれない。生存競争に勝ち残るための「托卵」であるならば、不倫も生物が生み出した生きる知恵なのかもしれない。

第5章　なぜ女性から言い出すのか

男と女の違いはどこに

医学、生理学、心理学、教育学、経済学、社会学などあらゆる分野で人間における性の違い、すなわち男女差がどこにあるのか、学問的に分析すればさまざまな論点があるだろうし、奥の深いことが多い。それだけで一冊の研究書、論文が書けそうな深遠なテーマであるが、ここでは誰でも知っているごく常識的なことに限定している。それを特に離婚と関係ありそうなことに注目しながら、箇条書きにしておこう。ここで述べることはあくまでも平均的なことであり、例外がかなりあることを断っておきたい。

①男性の方が女性よりも体力が強い。男性が暴力的になりやすい可能性を秘めている。

②男性の方が女性よりも性欲が強い。これには反論もあるが、一般論としてそう理解されている。

③女性の方が男性よりも子どもを欲する気が強い（すなわち子孫保持の本能が強い）。国立社会保障・人口問題研究所の「第15回出生動向基本調査（２０１５年）」によると、「子どもがいると生活が楽しく豊かになるから」と答える人が、未婚女性で73・3

%、未婚男性で66・5%である。一般に動物の世界では、長谷川真理子『オスとメス＝性の不思議』（1993年）によるとメスの方が子孫保持の欲望が強い。これに関連するが、女性は10ヵ月の妊娠を経験するので、子どもへの愛着が強い。

④男性は外で働き、女性は内で家事・育児に特化する家庭が多かったので、男性は高い教育を受けて高い所得を稼ぐ志向が強かった。一方の女性は働かないのであれば教育は必ずしも高くなくてよかったし、働いても所得は低かった。

⑤ ①④の理由の合成によって、男性の働く人の数が女性のそれよりも多い。これが逆に妻が専業主婦を受け入れる理由の一つになっている。

⑥男性は性欲が強いだけに多くの女性にモテたいと思うし、逆に女性は優秀な種を求めて一人の男性に固執する傾向がある。この性質は、男性に離婚志向が強く、女性に離婚志向が弱いのではないかと想像させるが、後に述べるようにそう単純ではない。

⑦男性は女性の容貌を気にし、女性は男性の経済力を気にする。これはこれまで述べてきたことの理由の総合効果によって生じた現状である。

⑧恋愛・結婚に関するアンケート調査によると、男女ともに相手に求めることの第一は「性格」を挙げるのがほとんどであるが、それこそ人の性格は千差万別だし、ど

の性格を好むかも人によって千差万別なので、性格を男女差で語ることは不可能に近い。

一般にそう思われている点を中心にして思いつくままに、さまざまな男女差を列挙したが、くりかえすが例外はかなり存在していて、ここではあくまでも平均的な話題にすぎない。

女性が離婚を望む実態

第1章の図1―2をふたたび見てみよう。離婚は全体として圧倒的に女性から希望することが多いことがわかるし、具体的な理由に注目してみると男女差が明確になるのでそのことを論じてみよう。

まず第一位の「性格があわない」に関しては、夫が60・9％、妻が39・1％の声なので、男性の方が性格の不一致を問題にすることが多い。しかしこの理由は、すでに論じたように他の具体的な理由と重なっていて、結局は無難な「性格の不一致」に代表させることが多いので、男女差については論じることは困難である。しかもすでに強調したように、人の性格は千差万別だし好みの性格もさまざまなので、一般論として性格の不一致を論じることは困難である。むしろ性格よりも他の理由の方が男女差を明確に論じやすいので、それらを考えてみよう。

肉体的・精神的暴力

ついで目立つのが「暴力をふるう」と「精神的虐待」という、配偶者から受ける肉体的、そして精神的な暴力ないし苦痛である。現代ではＤＶ（家庭内暴力）とも称されている現象である。相手の言動を気に入らなかったとき、あるいは怒りを感じたときに感情をむき出しにして反抗の態度をとって、いきなり言動で暴力をふるうのである。あるいは相手の直接の言動に対してではなく、日頃のおこないや発言への不満が蓄積して、相手にとっては理由もわからないままに暴言を吐いたり暴力をふるうこともある。

ここで重要な事実は、男女間に大きな差のあることである。「暴力をふるう」は妻が20・8％が理由として挙げているのに対して、夫は8・8％にすぎず、2・4倍という大きな差である。男は体力が強いだけに妻を殴ったり倒したりするのであるが、女は身体的に男より弱いので、そういうことをするよりも物を投げつけたりするのである。「精神的虐待」は妻が挙げる離婚の理由として25・2％であるのに対して、夫は19・7％であり、およそ1・3倍にすぎない。女性は体力的に男性にかなわないので、抵抗するときは暴言や嫌味を言うか、無視するという無言の抵抗をして精神的に夫を苦しめる比率が高まる。

いずれにせよ、ここでは妻は夫からの肉体的・精神的な暴力を受ける確率の高いことと、それへの不満から離婚を言い出す確率が、夫よりもはるかに高いことがわかる。

もう一つの統計を示しておこう。それは図5―1で示されるものであって、内閣府の調査からの結果である。配偶者（元配偶者や事実婚の人をも含む）から受けたDVの有無、そして頻度を示したものである。ここでの暴力は上で述べた暴力と精神的虐待に加えて、経済的な圧迫（すなわち生活費を渡さない）や性的強要（望んでいないのに性行為を強要）などを原因とするものも入っている。後二者については後に別途考慮するのでここでは具体的に語らない。図5―1はこれら二者を含んだ配偶者からのもろもろの暴力を男女で比較することに目的がある。

最初に述べておきたいことは、女性も男性も相手から一度も暴力などの被害を受けたことがないとするのが、それぞれ72・1％、80・5％なので、大半の男女が暴力とは無縁の世界にいることである。女性の比率が男性より少し低いが、大差ではない。日本人の夫婦はおおむね平和で静かな生活を送っているのである。

逆に「何度もあった」「1、2度あった」を合わせて暴力があった、と回答したのは女性で23・7％、男性で16・6％である。これも多少女性の被害経験が多いが、それほどの大差でない。

もっとも深刻な差は、「何度もあった」とする比率で女性の9・7%、男性の3・5%と、2・8倍という大差である。人間は一時の感情の高まりによって相手を暴力などで脅すこともあるが、その後は反省してくりかえさないことが多い。しかしその行為が何度にもおよぶとなると、相手は身の危険を感じることがあるし、その行為をする人を横暴な人として許せない気持ちになるのは自然である。その暴力が圧倒的に女性より男性に多いのであるから、妻から離婚を望むようになることが多い説明となる。

図5−1　男女間の暴力による被害経験

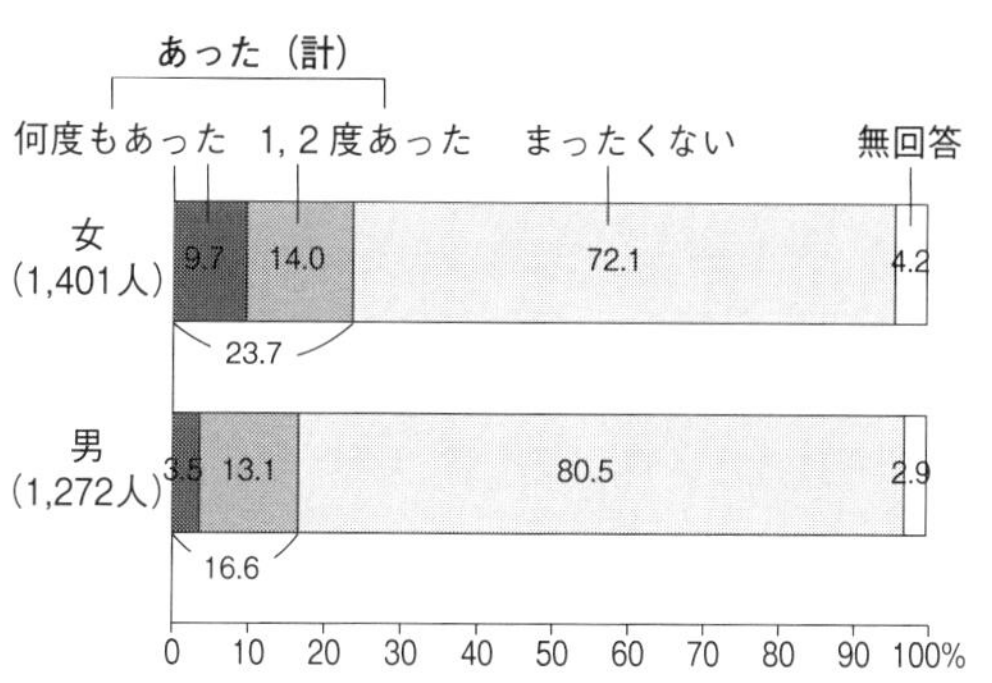

出所：内閣府「男女間における暴力に関する調査」（平成26年度調査）より作成。打越（2016）

もう一つの図5―2をもとに、DVに関して述べておこう。この図は配偶者からDVを受けたときに、相談した経験があるかを示したものである。女性がDVの被害を受ける機会は男性より多かったが、ではどれくらいの人が配偶者暴力相談支援センターなどに相談に行ったかというと、女性で約半数の50・3

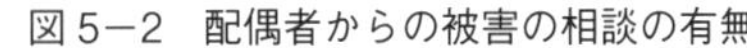
図5−2　配偶者からの被害の相談の有無

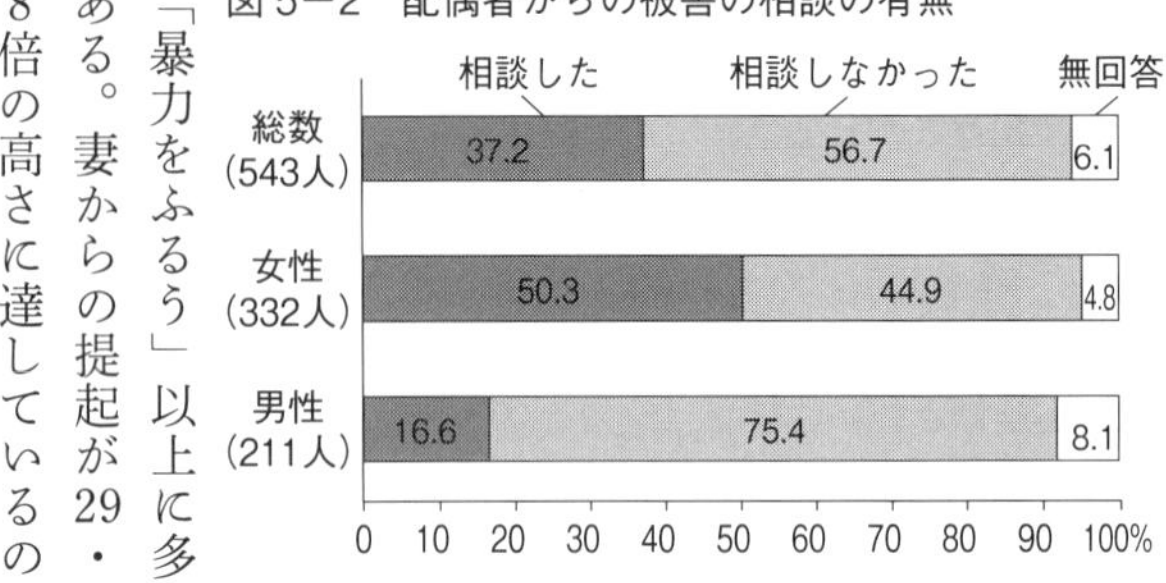

出所：内閣府男女共同参画局『男女間における暴力に関する調査報告書』（平成27年3月）より作成。打越（2016）

%に過ぎず、男性にいたってはごく少数の16・6%に過ぎない。被害者の多い女性であっても半数に過ぎないのは、あまり公にしたくないという気持ちのせいであろう。しかし男性よりも女性に相談比率の高いことは、女性の受ける暴力がより深刻な可能性を思い起こさせるし、相談の結果により離婚に至る場合がかなりあるのでは、と想像させる。これも妻から離婚を言い出す確率の高いことの証拠になりうる。

以上をまとめると、肉体的にせよ精神的にせよ、夫が妻にする暴力行為は数多く存在するので、これが原因となって離婚を妻から申し出る有力な理由となる。

1980年の専業主婦は1100万人超

「暴力をふるう」以上に多いのが、図1－2によれば「生活費を渡さない」ということにある。妻からの提起が29・4%であり、夫からのそれの4・3%と比較するとじつに6・8倍の高さに達しているので、これは圧倒的に妻の不満による離婚理由とみなしてよい。

「生活費を渡さない」ということは夫婦の経済生活の破綻を意味している。夫が妻にお金を渡さないという細かな日常生活上の事実以外にも、夫婦の経済生活の全般的な破綻という広い意味から論じてみたい。

まずはこのような「生活費を渡さない」ということがなぜ妻からの深刻な離婚の申し立てになるのか、社会・経済的な背景から分析をする必要がある。

ここで重要なことは二つある。第一は、専業主婦という生き方である。第二は、共働き夫婦であっても夫の所得の方が妻の所得よりも、平均的には高いという事実である。平均的に高いという枕詞（言葉）は重要で、もし妻の所得の方が夫の所得より高ければ別の新しい現象の生じる可能性があるので、それに関しては後に別記する。

第一の専業主婦に関しては、橘木（『日本人と経済』２０１５年）が示したように戦前の日本ではごく一部の裕福な家庭以外では、妻も夫もともに働くのが一般的であった。そして、妻、母親、仕事、ときには夫の親の介護まで加わるという四重苦だったので、妻はできれば専業主婦になってもう少し楽な生活をしたいと希望していた。まだ経済の強くなかった戦前の日本では「専業主婦は夢」の時代だったのである。

ところが戦後の経済成長を経て国民の所得水準が上昇し、必ずしも妻が働かなくとも家計を保持できる豊かさを得るようになると、専業主婦の数が増加した。そしてその後の変

図5−3　共働き等世帯数の推移：1980～2010年

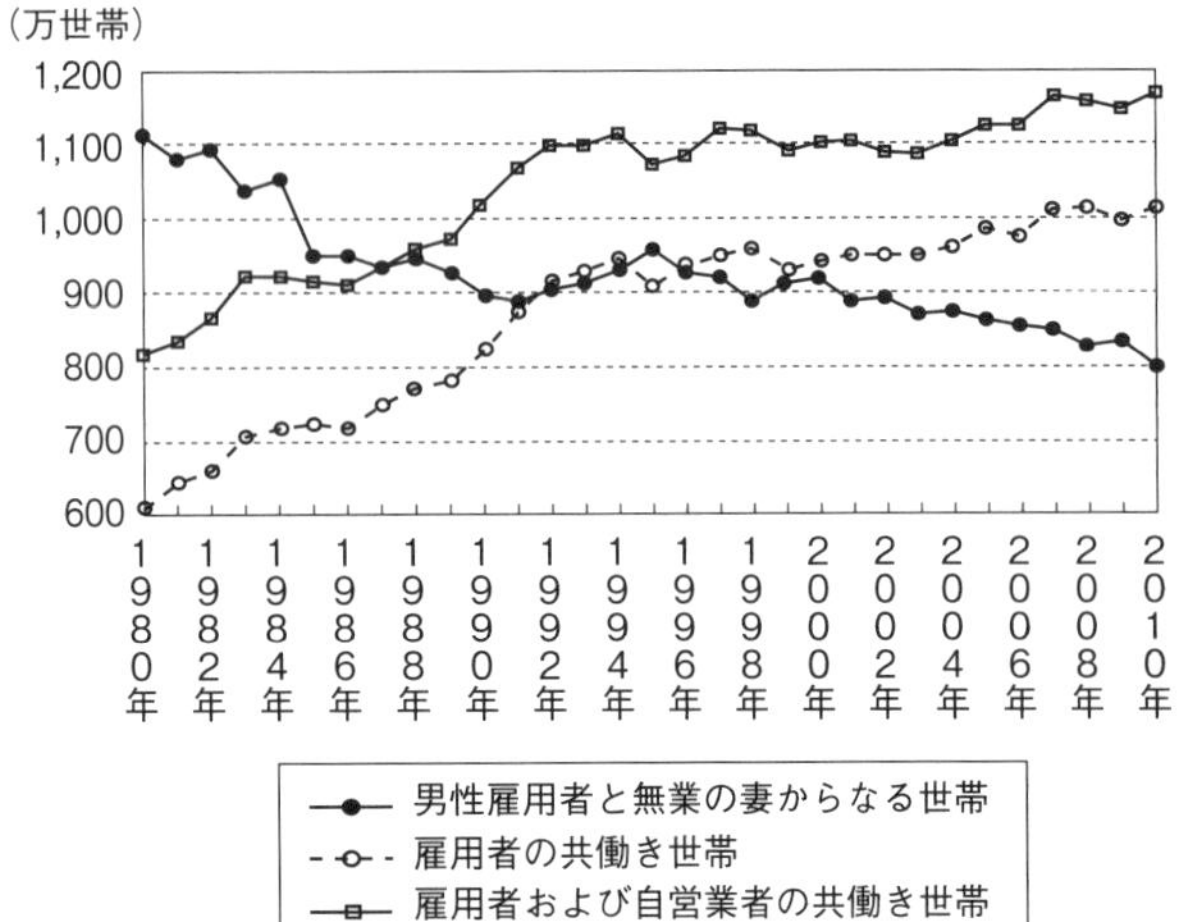

出所：太田・橘木（2012）

化をも含めて、既婚女性の働き方の変遷を図５－３によって確認しておこう。

この図によると、１９８０年代という高度成長期を経て安定成長期に入った頃は、専業主婦が１１００万人を超していて、それぞれの共働き世帯（すなわち雇用者同士と、一方が雇用者で一方が自営業）よりも数は多かったのである。夫が雇用者である妻は、専業主婦の夢を果たしたのであった。もっとも後者の二つを合計すると、雇用者と専業主婦という世帯よりもその合計数の方が多かったことを忘れてはならない。とはいえ、当時は専業主婦のいる夫婦が１１０

0万世帯を超えていたのである。

しかし1980年代の後半から専業主婦の数は減少傾向を示す一方で、共働き世帯の増加が見られるようになった。それを説明する理由として、女性の教育水準が上昇して勤労意欲が高まり、そういう女性にふさわしい仕事の増加があった。しかもジェンダー意識の高まりによって経済的に夫の従属者だけで満足しない女性が増加したことがある。

とはいえ現代においても減少したものの、専業主婦はまだ800万人くらいいるのであり、働いている女性より数は少ないとはいえ、まだ決して少なくはないのである。専業主婦をやや誇張して言えば、経済的には夫に従属しているので、離婚をすれば生活に困る可能性がある。しかし、夫が「生活費を渡さない」という事態になれば、生活苦を覚悟して離婚に踏み込むこともある。もっとも夫が不倫をしていて、妻から離婚を言い出してもらうために意図的に生活費を渡さないケースもあるだろう。

男女の賃金格差

第二の点については、共働きであっても平均的に見ると妻の所得が夫の所得より低ければ、専業主婦というゼロ所得ほどではないが、まだ夫に経済的にかなり従属していると解釈できる。もっとも専業主婦においても、所得の低い妻においても、家事や育児という無償の仕事はしているわけで、それを何らかのかたちで夫が考慮すれば、妻が夫に完全従属という姿でないことは理解しておきたい。

ここで男性と女性の所得差がどれほどであるかを簡単に見ておこう。それを賃金でみたのが図5―4である。現代の日本では低成長経済・不況の続くなかで、企業が労働費用の節約を図ろうとしており、大量のパート労働や期限付き雇用といった非正規労働者を雇用していることはよく知られている。

まず正規労働者に関しても男女の賃金差はかなりある。若い頃はそれほどの差ではないが、年功を重ねるとともに格差は拡大し、ピークの40代後半から50代前半になると、およそ1・5倍にも達する。男性は地位（係長、課長、部長など）が昇進することによって賃金が高くなるが、女性の昇進は非常に限られているので、賃金の上昇率は低いのである。

参考までにこれまでの日本企業において、女性が管理職にどれだけ登用されてきたかを図5―5によって確認しておこう。一昔前であれば係長といった初期の管理職にも女性は就いていなかったが、その後ゆるやかながら係長には昇進してきたことがわかる。とはいえ、課長、特に部長にまで昇進する女性は今でも少ない。管理職に昇進する女性の数が少なければ、たとえ正社員であっても女性の賃金が低く抑制されていたことは明白で、男女の賃金差の大きいことの理由の一つである。

さらに深刻な賃金差は非正規労働者に発生している。１９９０年代では労働者に占める非正規労働者の比率は20％程度に過ぎなかったが、現在ではそれが40％程度にまで達している。しかも非正規労働者の大半が女性である。女性労働者の半数前後が非正規労働者なので、いかに労働者のなかで女性の非正規労働者の比率が高いかがわかる。

図5−4　雇用形態別・年代別平均賃金（2014年）

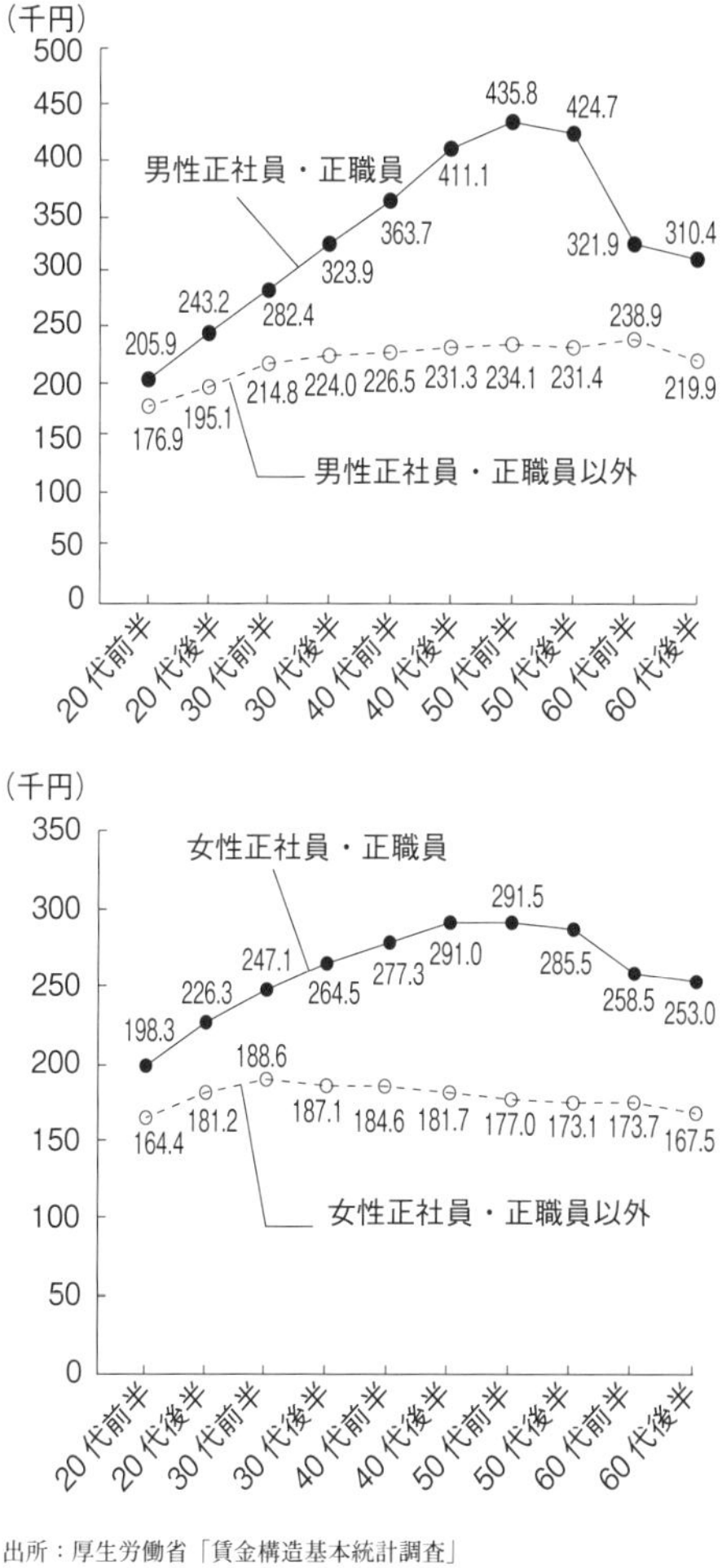

出所：厚生労働省「賃金構造基本統計調査」

図5－5　役職別管理職に占める女性割合の推移：1989～2012年

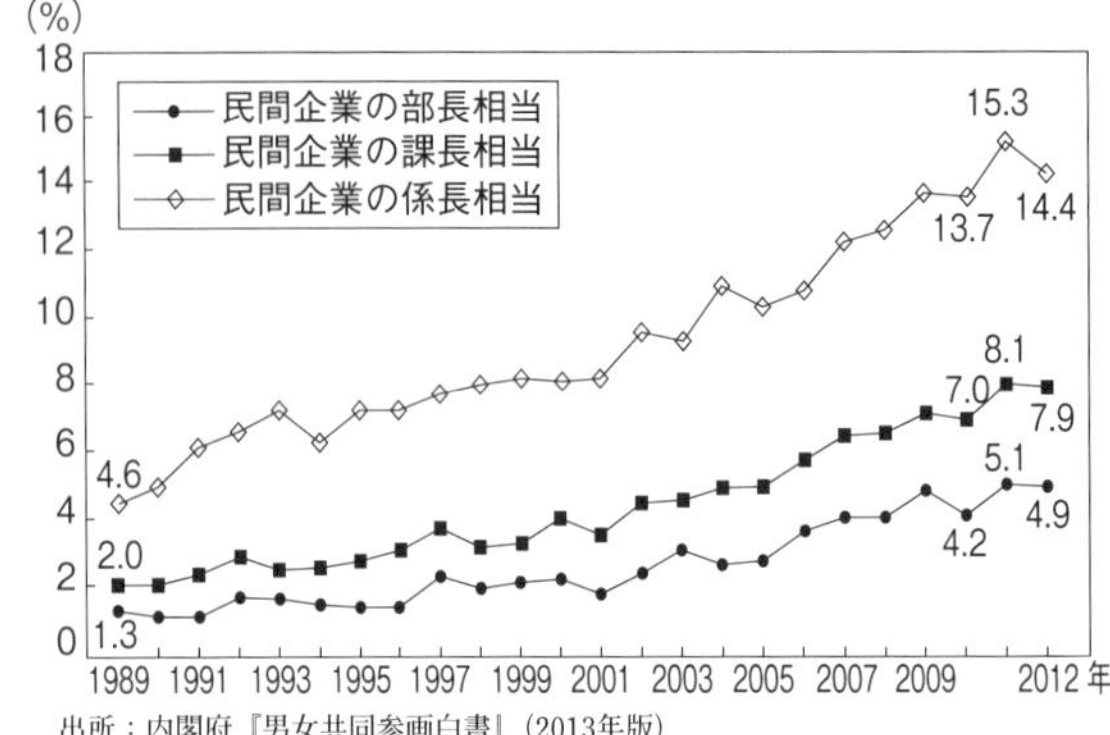

出所：内閣府『男女共同参画白書』(2013年版)

重大なことは、正規と非正規労働者間の賃金差である。図5－4によると、正規労働者の賃金は非正規の労働者と比較して、女性において30代前半で1・3倍、40代以降になると1・6倍ほどとなる。これは1時間あたり賃金が非正規労働者は、正規労働者の60～70％前後しかないことの反映である。もとより総賃金であれば労働時間の差も影響してくる。

興味のあることは、男性の非正規労働者の賃金もかなり低く、女性の非正規労働者とさほど変わらないことである。ここでは男女差ということよりも、雇用形態差（身分差）の方がより強く出現していて、非正規労働者に関してだけでいえば、男女間の差別は比較的少ないという事実である。

以上のことを、共働きにおける夫と妻の賃金差に関して述べてみよう。夫妻が正規労働者であっても、あるいは夫が正規・妻が非正規の夫婦（じつはこの組み合わせがもっとも多い）であっても、夫の賃金の方が妻の賃金より高いのである。経済的に評価すれば、夫の優位、妻の劣位が明確で、妻は離婚に関しては生活苦が予想されるので、弱い立場にいると解釈できる。

忘れてはならないことは、妻が正規労働者で夫が非正規労働者という組み合わせ（じつはその数はそう多くない）では逆の立場がありうる。妻の賃金が夫のそれより高いかもしれず、このときは妻が経済的に優位なので離婚を自分から言い出すことができるかもしれない。この例を含めて、妻の所得が夫の所得よりも高いときの離婚についてはのちにふたたび論じる。

「生活費を渡さない」

以上で論じてきたことを離婚に関連させてまとめてみよう。専業主婦の世帯と共働き世帯においてかなりの高い割合で夫の所得が高いので、妻は経済的に不利な立場にある。もし離婚すればたちまち経済的に苦しむ立場になると予想できるので、なかなか妻から離婚に踏み込めないのではないかと予想できる。ところが「生活費を渡さない」に代表されるように、夫には高い賃金・所得がありながら、なぜ妻に離婚を言い出されるようなことになるのであろうか。夫は離婚しても経済的に困らないので離婚を言い出せるのに、なぜ「生活費を渡さない」ようになるのであろうか。

この疑問に関しては、夫が妻に対して図1－2で示したように、妻にとって離婚を考えるようなこと(例えば、暴力、不倫、性的不満など)を夫が重ねると、妻はたとえ生活苦になることが予想できても真剣に離婚を望むようになる。そうすると夫も敏感にそれを感じて自分も離婚を考えるようになり、あえて妻に「生活費を渡さない」という行動に出るのではないかと判断できる。離婚の遠因が他にあるところに、夫はあえて妻に「生活費を渡さない」という行動に出て、離婚を前進させようとするのではないか、というのがここでの解釈である。

「生活費を渡さない」に関連すれば、もっと直接的な原因もある。それは、図1－2に示されるところで、「浪費」とか「酒を飲みすぎる」というのがあるが、これは夫がギャンブルに熱中したり、バーやキャバレーで遊びほうけて、お金がなくなって、そもそも家庭に入れる資金のないこともある。あるいは不倫の相手にお金を注入しすぎて、家に入れるお金がないこともある。こういう事情は、妻から離婚を言い出す原因として説得力はある。たとえ経済的立場は弱くとも、覚悟のうえでこれ以上の結婚生活は続けられないと判断するからである。

一つ興味のあることは、図1－2の「浪費」に関しては、妻の10・0％が理由に挙げているが、夫からは11・8％と、さほど妻からの比率と変わらない数字となっていることである。

妻の所得が夫の所得より高いとき

昔の日本では「髪結いの亭主」という言葉があって、妻が髪結い（美容院）を営んでいて家計所得を稼ぎ、夫は妻に経済的に依存しながらも遊びほうけていることをさした。すなわち、妻の稼ぎ額が夫のそれより高くとも、夫婦安泰ということを象徴する言葉であった。

現代ではどうであろうか。この章で論じたように、たとえ妻が専業主婦であったり、共働き世帯において妻の所得が夫の所得よりも低かったりしても、すなわち離婚すれば経済的な不安はあったとしても、妻は夫への不満が高くなって離婚を申し出ることが多い時代になっていることを示した。この場合の妻は、橘木・迫田『夫婦格差社会』で示したように、実家に戻って、そこで生活を始めるケースがかなりあるというのが現代の事象である。

では妻の所得が高ければどうなるのだろうか。例えば企業や官庁で女性が出世して管理職になることがあったり、医師、法曹関係者というように専門職として高い所得を稼ぐようになったりする妻の場合である。過去の日本であれば教育水準が高くキャリア志向の強い女性は、結婚をせずに独身で職業に生きることが多かった。しかし現在では『夫婦格差社会』で、パワーカップルと称したように、高学歴・高所得の夫婦がかなり存在する。あるいはこういうようなパワーカップルでなくとも、妻の学歴や所得が夫のそれよりも高い夫婦の組み合わせはかなり存在する。若い男性の一部には、たとえ妻の所得が自分のそれよりも高くてもよく、自分はあえて専業主夫でいることに違和感はないとする人もいる。もっとも現時点ではそういう男性の数はまだひじょうに少ない。

では妻の所得が夫の所得より高い夫婦の結婚生活、あるいは離婚はどうであろうか。これまでの日本であれば、夫の経済力への期待度が高い夫婦が圧倒的に多かったが、それが逆転した場合にはどういうことが起こるのか、予想は簡単である。男性側には経済的な優位があることによって自尊心は満たされていたので、妻に対して「俺についてこい」の意識でよかったし、経済的に劣位にあった妻も半分は不本意ながらそれに同意していたので、結婚生活はまがりなりにも続いた。

ところが妻に経済的な優位があると、離婚率が高まることは容易に想像できる。残念ながら数字でそれを見つけられなかったが、打越さく良（『なぜ妻は突然、離婚を切り出すのか』

2016年）、小林美希（『夫に死んでほしい妻たち』2016年）がいくつかの事例で示すように、妻の所得が夫の所得より高い夫婦の離婚例は多い。離婚しても妻は経済的に自活できる自信があるので、というのである。

もう一つ興味のあることは、妻の稼ぎが多いケースではどうしても妻が長時間の労働にコミットすることが多く、家事・育児に不慣れな夫の協力が少なく、妻のイライラが高くなって離婚に至るケースが多くなることである。「日本男子、厨房に入らず」の伝統がまだ残っている社会においては、どうしても夫が家事・育児に非協力となるので、妻としては我慢ができなくなるのである。

時代は変化のなかにあり、性別役割分担意識が若い年代を中心にして減少しているので、今後を予想すれば夫が家事・育児に積極的になる。特に所得の高い妻と結婚した男性にそれが期待されるが、もう少し時間が必要かもしれない。現時点では今は過渡期にあるといえようか。

性の不一致

図1―2において「異性関係」「性的不満（性的不調和）」というのがあって、夫婦間にある性の問題はかなり大きなウエイトを占めているので、ここで論じておこう。いわゆる不

倫に関しては前章で論じたので、ここでは主として夫婦間の性の問題だけにする。とはいえ、夫婦間の性行為がうまくいっていないのならどちらかが不倫に走りがちなので、ここで論じることは不倫とも縁のある話題である。

「性的不満（性的不調和）」は妻が7・0％、夫が12・5％なので、夫婦間の性については夫側の不満がやや高い。一方で「異性関係」は妻が15・8％、夫が13・8％なので妻側の不満が高い。これは夫の妻への不満が他の女性との不倫に走らせた夫の行動の結果によるものとも解釈できる。

「性的不満（性的不調和）」に戻すと、通常は男の性欲の方が強いので、妻にセックスを要求する度合いが高い。小林『夫に死んでほしい妻たち』によると、特に子どもをすでに持った女性はセックスを回避したいと願っていることが多く、執拗に迫ってくる夫に嫌悪感を持つことすらある。さらに妊娠中であったり、出産直後の女性にとっては性への欲望が低下していて、そのときに迫ってくる夫に対しては愛情すら失いかねないことがある。このように妻に相手にされなかった夫は、外で風俗営業の女性や、不倫に走ったりすることがありうる。それが妻にとっては許し難いこととなり、「異性関係」の妻側15・8％の高さにつながっているとみなせる。

もう一つの「性的不満（性的不調和）」として夫側の責任としては、性行動に際して男性は時折過激な行為を女性に要求することがあるので、女性が辱めを受けたと感じて、それ以降の性行為に消極的になることがありうる。そうすると夫は欲求のはけ口を外の女性に求めるので、先ほど述べたことと同様に「異性関係」の問題に発展しかねない。

ここで述べたかったことは、「性的不満（性的不調和）」に関しては夫側が言い出す比率が妻より高いが、元をたどれば妻の現状（妊娠中や産後、あるいは性に淡々としているなど）を無視して、自分勝手な行動に走る男性側の思いやりや優しさのなさに起因していると考えてよいということである。猛獣の雄に変貌することのありうる男性もいる、ということを示唆していると書けば、男性諸氏から猛反発を受けるかもしれない。

第６章　養育費は払えないのか、払いたくないのか

「かすがい」が取れてしまったとき

一生添い遂げたいと思って結婚したのならば、離婚しなければならなくなる状況は辛い。にもかかわらず、離婚件数・離婚率は１９７０年頃から上昇し、その後２０１０年までのあいだに、おおよそ２、３倍にまで上昇している。図６－１は離婚件数および普通離婚率の年次推移を表しており、我が国の離婚件数、離婚率はともに１９６０年代から増加傾向にあることが確認できるだろう。

「人口動態統計」によれば、１９６０年の婚姻件数が86万６１１５件、離婚件数が６万９４１０件、離婚率が０・７４％だったのに対して、２０１８年の婚姻件数は58万６４８１件、離婚件数は20万８３３３件で、離婚率は１・６８％と、この約50年間に離婚件数は約３倍、離婚率は２・３倍に伸びている。このような、離婚の増加傾向は我が国だけに限らず、多くの先進国に見られる現象であり、多くの研究者が離婚増大の要因、そして離婚が社会にもたらす影響について調査と分析を重ねている。

橘木・迫田『夫婦格差社会』でも触れたが、生活保障機能を果たしてきた結婚は――もちろん結婚していてもいろいろあるのだが――未婚・離婚率の上昇によってその機能は失われつつある。とりわけ、離婚にともなうさまざまな困難としてもっとも深刻となりうる

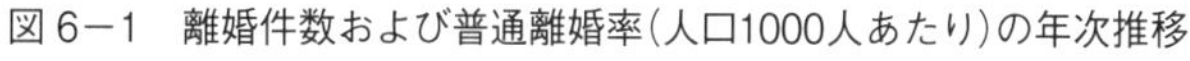
図６−１　離婚件数および普通離婚率（人口1000人あたり）の年次推移

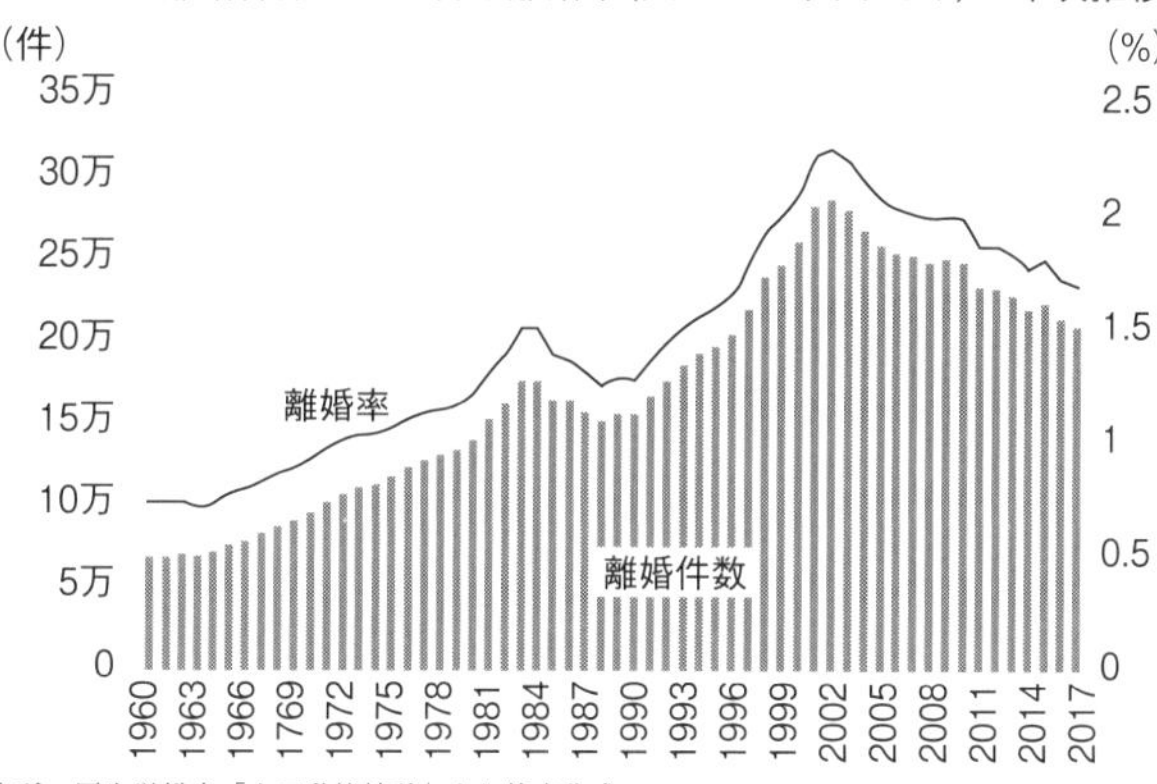

出所：厚生労働省「人口動態統計」より筆者作成

ケースの一つは、離婚する夫婦のあいだに子どもが存在する場合である。これまで夫婦、さらにはその家族が面倒を見ていたのが、片方だけになれば、さまざまな問題が生じるだろう。

本章では、離婚する夫婦のあいだに子どもがいる場合に起こる経済的な問題についてみていきたい。

１４２万のひとり親世帯

離婚とひとり親の貧困問題が大きく取り上げられている現在、多くの資料が存在する。我が国でこの問題に真摯に取り組んでいる厚生労働省による「全国ひとり親世帯等調査」結果を使用して、離婚を取り巻く問題を洗い出したい。

調査結果によると、２０１６年時点で我が国には母子世帯１２３万２３１６世帯、父子世帯18

表6−1　母子・父子世帯になった理由の経年変化

母子世帯

(%)

調査年次	死別	生別		
		総数	離婚	未婚の母
1983	36.1	63.9	49.1	5.3
1988	29.7	70.3	62.3	3.6
1993	24.6	73.2	64.3	4.7
1998	18.7	79.9	68.4	7.3
2003	12.0	87.8	79.9	5.8
2006	9.7	89.6	79.7	6.7
2011	7.5	92.5	80.8	7.8
2016	8.0	91.1	79.5	8.7

父子世帯

(%)

調査年次	死別	生別		
		総数	離婚	未婚の父
1983	40.0	60.1	54.2	-
1988	35.9	64.1	55.4	-
1993	32.2	65.6	62.6	-
1998	31.8	64.9	57.1	-
2003	19.2	80.2	74.2	-
2006	22.1	77.4	74.4	-
2011	16.8	83.2	74.3	1.2
2016	19.0	80.0	75.6	0.5

出所：厚生労働省「全国ひとり親世帯等調査」(2016年)

万７０００世帯、計約１４２万世帯のひとり親世帯が存在するとされている。１９９３年には母子世帯78万９９００世帯だったことを考えれば高い増加率である。

なお、我が国のひとり親世帯についての調査ならびに研究は母子家庭に焦点が当てられているものが過去多かったために、父子家庭が抱える問題について取り上げられていないことが多い。これは、我が国における母子世帯施策が、戦争によって夫と死別した「戦争未亡人」の救済を発端としているためである。しかし、近年母子世帯の発生要因は死別から離婚へとシフトした。離婚は男女に起こった問題であるから、本章では、母子世帯に限らず、父子世帯にも資料の許すかぎり焦点を当てる。

さて、「全国ひとり親世帯等調査」による母子・父子世帯の発生要因についての経年変化を見た表6―1を中心に考えてみよう。ちなみに離婚によって母子世帯となる世帯は1952年には7・6％だった。それが1983年の49・1％から2011年には80・8％に上昇している。なお、2016年には79・5％となっている。「子どものいる離婚件数」は2016年で総離婚件数の約60％を占め、うち84％は母親が親権をとる。1950年代、父親が親権を取る割合が高かったものの、1966年を境として母親が親権を取る割合が増え、現在では母親が親権を取ることが通常だと考えられてさえいる。

母子世帯は賃貸住宅

離婚した後、母子・父子はどのような暮らしぶりなのだろうか。「全国ひとり親世帯等調査」（2016年）による結果にしたがって見ていきたい。母子・父子世帯の子どもの数は、母子世帯1・52人、父子世帯1・50人とどちらも大差がない。また、世帯人数については、母子世帯の平均世帯人員は3・29人で、父子世帯は3・65人と報告されている。ただ、その世帯構成は異なる。母子世帯では、親子のみが61・5％である一方で、父子世帯では42・0％の比率である。もっとも、平成23（2011）年度調査では、父子世帯でも父子のみで住んでいた世帯は、39・4％であったため、着実に父子のみの世帯が増えているといえる。

また、住居の状況についても、持ち家に住んでいる父子世帯が68・2％であるのに対し、母子世帯はわずか32・9％である。母子世帯については、借家のうち賃貸住宅に住んでいる比率がもっとも多く、34・2％となっている。住環境の観点からひとり親の貧困問題を明らかにする試みは古くからあった。なかでも住生活を軸として、ひとり親世帯施策の再構築を図る研究・活動を精力的に推し進めている葛西リサの一連の研究を中心に紹介する。葛西（2017年）がまとめた表を表6―2として参照したい。

これを見ると、母子世帯の持ち家率にくらべ、父子家庭はひじょうに高い持ち家率であることがわかる。厚生省（当時）「離婚家庭の子ども」（1997年）や、日本労働研究機構『母子世帯の母への就業支援に関する研究』（2003年）、葛西・塩崎賢明・堀田祐三子「母子世帯の住宅確保の実態と問題に関する研究」（2005年）、同「母子世帯の居住実態に関する基礎的研究」（2006年）によって、離婚を機に新たな住まいを求める父子世帯は約3割である一方で、母子世帯では約7割であることが明らかになっている。さらに、離婚を機に転居した世帯の約半数が離婚直後の住まいとして賃貸住宅へ移ることも明らかになっている。

母子家庭と貧困状況について分析をおこなったShirahase and Raymo（"Single mothers

表6−2　ひとり親世帯の住宅

			持ち家	公営住宅等	民間借家	給与住宅	間借り	総計
父子	全体	世帯	149,186	13,845	34,784	2,511	3,479	203,805
		%	73.2	6.8	17.1	1.2	1.7	100.0
	独立	世帯	50,628	9,220	23,597	1,990	2,990	88,425
		%	57.3	10.4	26.7	2.3	3.4	100.0
	同居	世帯	98,558	4,625	11,187	521	489	115,380
		%	85.4	4.0	9.7	0.5	0.4	100.0

			持ち家	公営住宅等	民間借家	給与住宅	間借り	総計
母子	全体	世帯	440,762	208,331	379,960	7,034	38,118	1,074,205
		%	41.0	19.4	35.4	0.7	3.5	100.0
	独立	世帯	184,840	185,316	337,001	5,814	35,977	748,948
		%	24.7	24.7	45.0	0.8	4.8	100.0
	同居	世帯	255,922	23,015	42,959	1,220	2,141	325,257
		%	78.7	7.1	13.2	0.4	0.7	100.0

出所：総務省（2011）をもとに葛西（2017）が作成

and poverty in Japan", 2014）では、母子家庭の親子が両親と同居することによって12～20％程度貧困状態が解消されることを明らかにし、両親との同居は経済的に窮地にある母子家庭の親子のみならず、その両親が経済的に苦しい場合にも重要な戦略であると述べた。

しかし、ひとり親世帯を受け入れてくれる賃貸住宅に移れたとしても、その住環境が良いという保証はない。子どものことで近隣住民とトラブルになることもある。仮に実家に戻るとしても、母子・父子が充分に暮らせる住環境に加え、親との関係がうまくいっている家庭がどれほどあるだろうか。葛西が「公営住宅の優先入居や母子生活支援施設などの住まい支援策が機能不全に陥っている」（葛西『母子世帯の居住貧困』、２０１７年）と指摘しているように、ひとり親に寄り添う保障が急務だと言える。

父子・母子の住環境につづいて、仕事やそれにともなう金銭面も問題となる。母子・父子世帯ともに就業率は80％

を超えている。とりわけ母子世帯の就業率は諸外国とくらべてもひじょうに高いが、その割に所得が低いと言われている。これは、「母子世帯にきわめて特有のものというよりは、一般の女性の持つ問題と類似」（永瀬伸子「母子世帯の母のキャリア形成、その可能性」2003年）していると指摘されている。ひとり親の働き方の問題については、この後の章で詳細に述べる。

養育費を受け取っている母子世帯は24%

離婚によってひとり親世帯になった家族に対してどのように支援すればよいのだろうか。貧困に窮している者に対する政府支出が活発におこなわれていない現況において、家族・市場（職場など）・政府からいかなる施策を講じるべきか考えてみたい。

夫婦のあいだに子どもがいる場合には養育費が、生活保障の基盤の一部として挙げられる。もちろん、これは、子どもに対する生活費であって、別れた妻あるいは夫に対するものではない。また、養育費については、離婚の際に当事者の協議で決めるものの、取り決めは義務づけられていない。

我が国における離婚には4種類存在する。その一つは、「協議離婚」である。夫婦で離婚の意思を確認し、役所に離婚届を提出することを要件にする制度である。協議離婚が成立しない場合に「調停離婚」となる。家庭裁判所に介入してもらい、調停調書に記載される取り決めによって離婚が成立する。「審判離婚」という家庭裁判所が職権で離婚を認める制度も存在はするが、外国法が関係した離婚のうち、裁判所で当事者が協議して離婚に同意したことを調書にて確認しただけでは離婚が認められず、裁判所が離婚を決定することが必要な場合に利用が可能である。調停離婚や審判離婚でも解決しない場合には通常は裁判により離婚を求めることとなる。

最後の四つ目は、「裁判（判決）離婚」である。不貞行為があった場合や配偶者が生死不明になった場合など、民法七七〇条一項が定める離婚事由が認められる場合に裁判所に離婚の判断を求める方法である。もっとも、離婚の約9割は協議離婚が占めており（厚生労働省「人口動態統計特殊報告」より）、養育費について取り決めないままに離婚する夫婦が多い。

養育費の取り決めについて、口約束や私的な書面で済ませてしまう場合が多いのだろうが、このような場合、養育費の未払いの際には相手に養育費を支払わせる法的な強制力はない。法的強制力を持たせるためには、離婚時の合意について公正証書にしておくことや、調停離婚・審判離婚・裁判離婚などで養育費について、調停調書・審判書・判決書など、きちんと形にしておく必要がある。

表6−3　養育費の受給状況の経年変化（単位：%）

母子世帯

調査年	現在も養育費を受けている	養育費を受けたことがある	養育費を受けたことがない
1983	11.3	10.1	78.6
1988	14.0	10.6	75.4
1993	14.7	16.2	67.7
1998	20.8	16.4	60.1
2003	17.7	15.4	66.8
2006	19.0	16.0	59.1
2011	19.7	15.8	60.7
2016	24.3	15.5	56.0

父子世帯

調査年	現在も養育費を受けている	養育費を受けたことがある	養育費を受けたことがない
2006	2.0	2.0	88.5
2011	4.1	2.9	89.7
2016	3.2	4.9	86.0

注：父子世帯の養育費受給状況調査は2006年より。
出所：「全国母子世帯調査」「全国ひとり親世帯等調査」より筆者作成

表6−3は父子・母子世帯の養育費受給状況についての経年変化を見たものである。離婚後から「現在も養育費を受けている」母子世帯は24・3%、父子世帯は3・2%である（2016年）。しかし、20年ほど前よりは、いくばくか受給状況が改善しているのが見られる。

なお、2011年の民法一部改正によって、第七六六条に、離婚に際して夫婦が決めるべき事項として、面会交流と養育費について明示された。条文には養育費という文言はないものの、養育費と同義とみなすことができる「子の監護に要する費用の分担」と書かれている（宮坂順子「離婚における養育費の現状と問題点」2015年）。また養育費の平均受取金額は月3万〜4万円程度であるが、はたしてこの金額で子どもを養育できるのだろうか。

養育費だけでは子ども費の半分程度

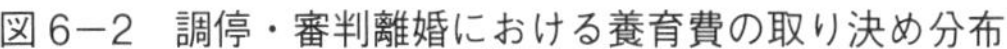
図６−２　調停・審判離婚における養育費の取り決め分布

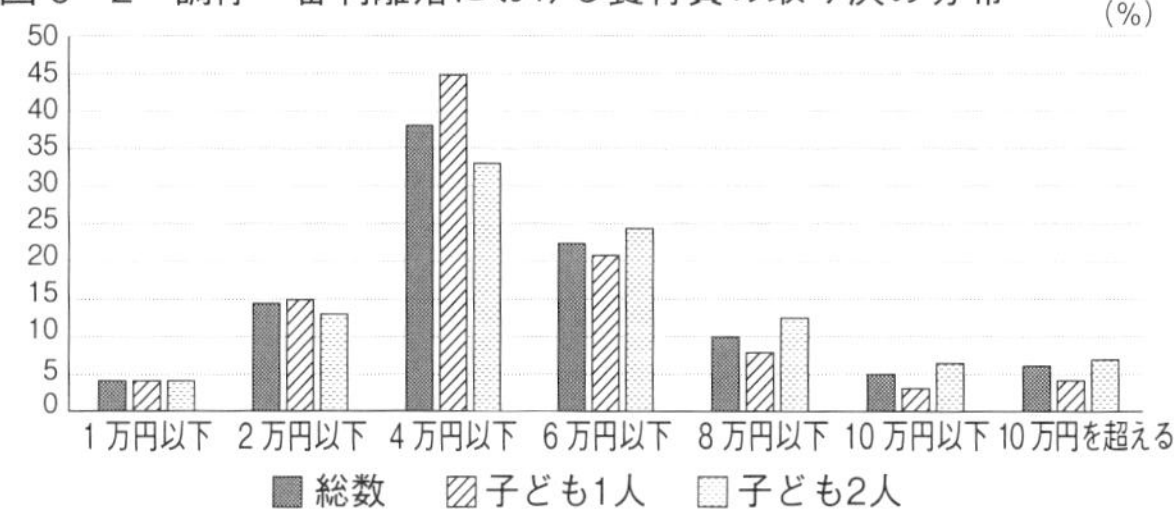

出所：「司法統計」（2016年度）

日本の女性貧困層について詳しい周燕飛は「離婚と養育費」（２０１２年）において、２００９年度の「司法統計」を用いて調停・審判離婚における養育費の取り決め額を計算したり、離別父親――すなわち離婚後、子どもと離れて暮らしている父親のことである――の支払い能力と養育費の支払い状況の関係を探っている。ここでは、周にならって、母子世帯にとっての「平均子ども費」を計算してみた。

母子・父子家庭ともに、約１・５人の子どもを養育しており、ひとり親世帯の月「平均子ども費」（食料・被服・教育費と月謝）は、約９万２０００円である。したがって、きちんと支払いがなされていれば、養育費は子どもにかかる費用の半分程度を賄える。なお、周の論文同様に２０１６年度の養育費取り決め額を見たところ、38％が月４万円以下で、約９割において養育費の取り決め額が８万円以下である（図６―２）。

養育費算定の基本的な考え方は以下のとおりである。

「義務者」（子を監護していない親）と「権利者」（子を監護している親）、すなわち別れた夫婦の実際の収入金額を基礎として、離婚していなければ子どものために使われていたであろう生活費（周の論文では、「子ども費」と呼んだ）を計算し、これを義務者・権利者で按分し、養育費の額を決める。もっとも、この元夫婦のどちらかが専業主婦・主夫だった場合には「潜在的稼働能力」と呼ばれる、就労歴や健康状態が考慮され、仮定として収入がある程度得られるだろうとして、専業主婦・主夫の収入を計上する場合もある。

子と離れて住んでいる親は、子に自らの生活と同等程度の生活を保持させる義務があるとする「生活保持義務」という考えが根底にあると考えられている（内田貴『民法Ⅳ』２００４年）。したがって、双方が再婚したり、自分の子が養子になったり、どちらかが働けなくなったり、双方の収入が増減したり、あるいは、子どもに何かあったときなどには養育費増額・減額請求ができる。にもかかわらず、大半のひとり親世帯はなぜ養育費を受給していないのか、あるいは子をじゅうぶんに養育できるほどもらえないのか理由を探りたい。そこで着目したいのは、養育費の取り決め状況と養育費の受給状況の関係である。

取り決めをしない割合

先ほど述べたように、離婚には「協議離婚」「調停離婚」「審判離婚」「裁判離婚」の4

表6—4　母子家庭における、離婚の種類別に見た養育費の取り決め状況と養育費の受給状況

母子	総数					うち養育費の取り決めをしている世帯				
	総数	離婚			未婚	総数	離婚			未婚
			協議離婚	その他の離婚				協議離婚	その他の離婚	
総数	1817 (100.0)	1637 (100.0)	1319 (100.0)	318 (100.0)	180 (100.0)	780 (100.0)	756 (100.0)	502 (100.0)	254 (100.0)	24 (100.0)
現在も受けている	442 (24.3)	428 (26.1)	296 (22.4)	132 (41.5)	14 (7.8)	416 (53.3)	403 (53.3)	274 (54.6)	129 (50.8)	13 (54.2)
過去に受けたことがある	281 (15.5)	264 (16.1)	189 (14.3)	75 (23.6)	17 (9.4)	200 (25.6)	194 (25.7)	122 (24.3)	72 (28.3)	6 (25.0)
受けたことがない	1017 (56.0)	874 (53.4)	778 (59.0)	96 (30.2)	143 (79.4)	134 (17.2)	129 (17.1)	85 (16.9)	44 (17.3)	5 (20.8)
不詳	77 (4.2)	71 (4.3)	56 (4.2)	15 (4.7)	6 (3.3)	30 (3.8)	30 (4.0)	21 (4.2)	9 (3.5)	0 (0.0)

出所：厚生労働省「全国ひとり親世帯等調査」（2016年）

種類ある。表6—4、表6—5で母子・父子世帯の離婚の種類別に見た、養育費の取り決め状況と養育費の受給状況を見てみよう。

表6—5を見ると、まず父子家庭はどんな離婚の種類でも、養育費を受給したことがない人が圧倒的に多い。協議離婚の最中、養育費の取り決めをしてもしなくても、裁判所などを介したとしても、養育費をいっさい受給していない場合が多い。これに対して、表6—4からわかるように母子家庭では、いかなる種類の離婚の場合でも、養育費の受給について取り決めをしている場合には受け取っている傾向が見られる。その一方で、養育費の受給について取り決めをしていなければ養育費を受給していないことがわかる。なお、裁判所などを介した場合には、取り決めをしている比率は高く、協議離婚の場合には取り決めをしていない比率が高い。

当事者同士で離婚を決めるもっともポピュラーな協議離婚での、母子家庭における養育費の取り決め状況と養育費の受

表6−5　父子家庭における、離婚の種類別に見た養育費の取り決め状況と養育費の受給状況

父子	総数					うち養育費の取り決めをしている世帯				
	総数	離婚			未婚	総数	離婚			未婚
			協議離婚	その他の離婚				協議離婚	その他の離婚	
総数	308 (100.0)	306 (100.0)	256 (100.0)	50 (100.0)	2 (100.0)	64 (100.0)	64 (100.0)	42 (100.0)	22 (100.0)	−
現在も受けている	10 (3.2)	10 (3.3)	6 (2.3)	4 (8.0)	−	10 (15.6)	10 (15.6)	6 (14.3)	4 (18.2)	−
過去に受けたことがある	15 (4.9)	15 (4.9)	13 (5.1)	2 (4.0)	−	8 (12.5)	8 (12.5)	6 (14.3)	2 (9.1)	−
受けたことがない	265 (86.0)	263 (85.9)	223 (87.1)	40 (80.0)	2 (100.0)	42 (65.6)	42 (65.6)	26 (61.9)	16 (72.7)	−
不詳	18 (5.8)	18 (5.8)	14 (5.5)	4 (8.0)	−	4 (6.3)	4 (6.3)	4 (9.5)	−	−

出所：厚生労働省「全国ひとり親世帯等調査」(2016年)

給状況を確認してみよう。協議離婚をした１３１９人のうち、養育費の取り決めをしていない人は８１７人と、６割を超える。このとき養育費を「受けたことがない」と答えた人はじつに８割を超え、６９３名にも及ぶ。だが、事前に養育費について取り決めをした５０２人については、２７４名と５割程度は現在養育費を受給しているのである。もっとも、養育費の取り決めをしたとしても、養育費を現在受給しているのは約半数に過ぎないともいえる。

　したがって、養育費の問題には二つの問題があると言えるだろう。一つ目は、養育費の取り決め自体がなされていないこと。二つ目は、養育費の取り決めがあった場合にもきちんと支払いがおこなわれていないことである。

　まず、養育費の取り決め自体がなされていないという問題については、同様にして「全国ひとり親世帯等調査」（２０１６年）において、その理由についての質問がある。母子世帯では「相手と関わりたくない」（31・4％）と答えた者の比率

がもっとも高く、これについで「相手に支払う能力がないと思った」（20・8％）となった。父子世帯では「相手に支払う能力がないと思った」（22・3％）についで「相手と関わりたくない」（20・5％）であった。

元配偶者にわざわざ会って、「公正証書」など法的効力のある文書を取り付けられる人がどれだけいるだろうか。離婚届にサインをするので精一杯、どうせ養育費は支払われないだろうとそもそも諦めている、養育費を請求しなければ子どもに会わせなくてもいいのかもと考えたなど、さまざまな原因が考えられる。このことについては、第5章「なぜ女性から言い出すのか」を参考にしてほしい。

「払えない」のか「払いたくない」のか

さて、世帯類型別、離婚の種類別に養育費の取り決め状況とその受給状況を見たので、つぎに、養育費の取り決めがあった場合にも支払いがおこなわれていない問題について考えてみたい。支払っていないということは、「払えない」か「払いたくない」かのどちらかだろう。

先に紹介した周の研究「離婚と養育費」では「JILPT母子世帯調査2007」を用いて、離別父親の平均年収が376万2000円と一般世帯主の平均収入（520万円）より

3割程度低いことが示されている。加えて、離別した父親の年収分布が一般世帯の収入分布よりばらつきが大きいこと――すなわち、年収300万円未満の低所得層が全体の37・2％（一般世帯だと27・0％）である一方で、年収1000万円以上の層も多い――ことも示した。

年収1000万円以上の父親であれば、養育費を支払っているのかも分析されているので紹介したい。年収が200万円以上300万円未満では、支払い率が23・6％である一方で、800万円以上1000万円未満では52・2％まで上昇するなど、父親の所得階層が上昇するのと比例して養育費の支払い率も高くなっている。また、その養育費額についても、1000万円以上の所得の父親は、平均して月に5・69万円と、他の所得階層より高い養育費を支払っている。それでも、養育費の支払い率はどんなに高くても約50％であり、養育費金額も6万円程度というのは、なかなか驚くべき比率及び金額である。

さてこのように低い養育費の理由は二つある。

第一に、養育費の金額については、裁判官らによって作成された養育費「算定表」を基準として算定される。これは複雑な養育費計算を簡便にしたもので、実務の場面ではひじょうに役に立っているのだが、算定表が作られた当時とは所得水準・生活様式・消費構造などが変化しているので、現在の生活に見合うように計算方法について見直しが2019

年12月におこなわれたばかりである。

もう一つは、大石亜希子「離別男性の生活実態と養育費」（2012年）による分析を紹介したい。これまで多くの先行研究によって母子世帯の所得水準や収入の分布について実態を知ることができている。しかし、調査やデータの性質上、離別父親を特定することが困難だったために離別父親の所得水準や収入の分布はこれまで知られていなかった。

そこで離別父親の経済的状況を扱った大石の研究はひじょうに有用である。大石によれば、一般の父親のうち本人の年収が350万円未満の割合は2割強にとどまるのに対し、離別再婚父親は3割以上が、また、離別単身父親では5割以上が本人年収350万円未満である。離別単身父親はとくに低所得で、2割弱が年収140万円未満である。離別父親の再婚率は59・2％（169人中100人）であることと、単身の離別父親にくらべ、再婚した離別の父親は年収の高い層に偏っていることが背景にある。高所得層の父親の養育費の支払い率は約半分ということをあわせて考えれば、「昔の家族」の面倒まで見ていられない、というふうにとらえている人はいないだろうか。

まとめると、貧困層の父親は「自分の生活さえままならず、払えない」」、比較的金銭的に余裕のある父親は「支払えるが、新しい家族の生活がある」ために、総じてどの所得層の父親においても、養育費を支払わないという状況が生み出されていると言えよう。

養育費を確保するための取り組み

さて、養育費を支払わない問題についてどうすべきか。子どもを実際に育てているもの（多くの場合は母である）にさらなる負担を強いるべきだとは言えないし、養育費金額の基礎となっている養育費の算定表について見直しを期待するところではあるが、支払っていない「義務者」（子を監護していない親）にきちんと支払いを求めたいところである。しかし、大石が指摘・提案するように、離婚後ひとり身の父親は自分の生活でいっぱいいっぱいだし、余裕のある父親は再婚してしまって生活費の多くをそちらに振り分けないとならない。我が国には一律に養育費を徴収する制度は存在していない。なお、アメリカでは、「義務者」の捜索、養育費の天引きなどが公約制度としておこなわれている。

すると、子の親に、確実に養育費の支払いを取り付けるためにはどうするべきか考えなくてはならない。2003年および2004年には民事執行法の改正がおこなわれ、養育費の強制執行について給料等の差し押さえが可能となった。現在では、家庭裁判所で養育費について取り決めた場合や、取り決めを公正証書等で法的に有効にしている場合に限って、家庭裁判所の「履行確保制度」と民事執行法に基づく「強制執行制度」が利用できる。養育費の取り決めをせずに協議離婚した場合や、公正証書を作成していない場合には、家庭裁判所に養育費請求の申し立てをしたほうがいいだろう。しかし、下夷美幸「養育費問題からみた日本の家族政策」（2011年）が指摘するように、困っているから養育費請求の申し立てをしたのに、それらの金銭的負担はすべて「権利者」（子を監護している親）の方に降りかかってくることを考えれば、現実的な手段とは言いにくい。

もっとも、我が国では、子どもがいる場合でさえ離婚届を提出してしまえば離婚が成立するが、アメリカ、イギリス、ドイツでは子どもの監護、面会交流、養育費の取り決めについて双方の親が責任を果たせるように、裁判所などが仲介する制度が存在する。

日本では2007年には「養育費相談支援センター」が創設され、養育費に関する情報提供や相談などをおこなっている。さらに先駆的な以下のような例もある。2014年に明石市が、離婚を検討している夫婦に、養育費や面会交流の頻度など子どもの養育方針の取り決めを促すことを目的として始めた取り組みで、「子ども養育支援ネットワーク」を設立し、効果がじわじわと浸透しつつある。

しかし、目下、養育費の確保は当人や裁判所に委ねられているので、子ども養育支援ネットワークも抜本的な解決にはまだ至らないようである。したがって、養育費について取り決めをしなくても離婚ができてしまう離婚制度そのものにも見直しが必要だという観点から養育費徴収制度を考え直すことが必要だろう。

児童扶養手当から総合支援への転換

本章は離婚によりひとり親となった世帯をどのように支援するかを考えるため、まず家族という側面から検討した。つぎに政府による制度はどうだろうか。これには、児童扶養手当が該当する。筆者らとしては児童扶養手当による支援を推したい。これは母子世帯だけでなく父子世帯（2010年8月から対象となった）も、離婚によるひとり親世帯だけでなく、未婚のひとり親世帯も対象となる。したがって、親の事情によらず子どもを社会で育てることとなる。

しかし、2000年代以降日本のひとり親世帯に向けた施策は、2002年の「母子及び寡婦福祉法」の改正を皮切りとして、児童扶養手当中心の支援から、就業・自立に向けた総合支援に転換して、経済的な支援を削減する方向に向かっている。具体的には、養育費の額の8割が所得に算入されたり、手当自体が減額されると同時に就労支援事業が開始されたりしている。すなわち「福祉から就業へ」のスローガンを掲げたのである。したがって、政府からの保障を考えようとするときに、ひとり親世帯の仕事の状況も合わせて考える必要があるので、次章にて詳しく説明する。

家族の多様なあり方に対応するために

二人で話し合って離婚を決定するなかで、養育費について冷静に話し合うことは難しい。離婚のときに、養育費の取り決めをしなかったことを後悔しなかった人はいるのだろうか。ひとり親世帯の立場を汲み取ってきた周『母子家庭の母への就業支援に関する研究』（2008年）や下夷「養育費問題からみた日本の家族政策」（2011年）が提案するような、養育費について仲裁してくれる機関の設立や、法的サービスの利用がさらに一般的になることが望ましい。さらには、養育費について取り決めをしなくても離婚ができてしまう離婚制度そのものにも見直しが必要だろう。

また、本章では離婚によってひとり親世帯となった親子に焦点を当てたが、周「離婚と養育費」（2012年）が指摘するように我が国の母子世帯率は国際的にみれば低い。2016年時点でも、2％に満たない程度である。しかし、2005年から2010年にかけて未婚母子世帯は4万3000世帯増加しており、その増加率は48・2％であるという報告もある。葛西（2017年）も指摘しているし、ひとり親世帯になった理由について経年変化を見た、既出の表6—1でもわかるが、2011年以降、未婚母子世帯が死別母子世帯の割合を上回っている。ひとり親世帯が今後も増加する傾向にあるとすれば、家族の多様なあり方に対応できるように施策を講じる必要がある。

第７章　働けど働けど我が暮らし楽にならず

「人形の家」のその後

前章で述べたように、２０００年代以降日本のひとり親世帯に向けた施策としては、「福祉から就業へ」のスローガンが掲げられるようになったのである。その政策変更から約20年経ち、さらに児童扶養手当が削減されようとしている。

筆者らは、「福祉から就業へ」のスローガンを再考する時期にきているのではないかと考えている。結論から言えば、ひとり親家庭に対しての就業支援策の効果は限定的であり、別の手を打ったほうがいい。それはなぜかといえば、社会構造の問題が女性のひとり親家庭の問題に凝縮しているためである。

さて、厚生労働省「全国ひとり親世帯等調査」によれば、２０１8年時点で我が国には母子世帯１２３万２０００世帯、父子世帯18万７０００世帯の合計約１４２万世帯のひとり親世帯が存在する。日本の子どもの8人に１人はひとり親世帯に生きているということになるが、これは、ＯＥＣＤ諸国でもごく平均である。

たしかに、女性の労働が家庭内労働や家族従業者に限定されていた時代では妻は金銭を得ることが難しかったが、外に働きに出るようになれば多少なりとも金銭を得ることができる。いざ離婚しようとするときにはそれまでの貯蓄を元手に新たな生活を始めることができる。結婚・家庭に縛られずに生きていけるという選択肢はあるべきだ。しかし、イプセン作の「人形の家」の結末のその先――どんなに苦労したか、は書かれていないのだ。

家事労働か労働市場か

経済的自立をしやすそうな、高所得や高学歴の女性は、結婚や家庭に魅力を感じず、嫌になったらすぐ離婚する、というGary Beckerの1977年の「女性の自立仮説」によれば、市場での賃金水準が高くなれば、妻が家事労働や余暇に使っていた時間を市場労働にあて、自分がおこなってきた家事労働を市場サービスで代行させることもできる。

働こうとしている人がすべて結婚に飽きていたり、離婚したいというわけではないが、離婚を決意し、外で働いてお金の工面をした人は多いのではないか。新たな生活に踏み出した人たちが、その後どのようにして生活しているのかを細かく見てみるべく、まずは就業率と収入について表7－1で確認しよう。

就労率も高く就業時間も長いのに

2016年におけるひとり親世帯のうち母子世帯の81・8％、父子世帯の85・4％が就労している。2014年時点のOECD加盟31ヵ国平均による15歳未満の子どもを連れた

表7−1　ひとり親家庭の就業率と収入

	母子世帯の母	父子世帯の父
就業率	81.8%	85.4%
正規	44.2% 305万円	68.2% 428万円
非正規	43.8% 133万円	6.4% 190万円
自営業	3.4%	18.2%
自身の収入	243万円	420万円
世帯の収入	348万円	573万円

注：自身の収入とは母子世帯の母自身または父子世帯の父自身の収入である。
世帯の収入とは同居家族の収入を含めた世帯全員の収入である。
なお、収入は、生活保護法に基づく給付、児童扶養手当等の社会保障給付金、就労収入、別れた配偶者からの養育費、親からの仕送り、家賃・地代などを加えたすべての収入の額である。
出典：厚生労働省「全国ひとり親世帯等調査」(2016年) より筆者作成

母子世帯の就業率が64・9％であることから考えても、我が国の母子世帯の就業率がひじょうに高いことがわかる。

もっとも、海外においてはデータがないために国際比較できないのが残念であるが、父子世帯も同様にして高い就労率であろうと予想される。良くも悪くも結婚・出産などのライフイベントによって男性の就労率が変化することはほとんどなく、男性にくらべて女性の労働所得が低いので、離婚によって貧困状態に陥ることについて焦点が当てられるのは女性の場合が多い。女性の貧困問題についてはすでに多くの学術研究があり、男性の貧困問題についても、研究の蓄積が多くないことを指摘した研究が徐々に増えている。父子家庭の問題にも可能なかぎり焦点を当てる。

さて、話を戻すと、我が国の生産年齢人口に該当する女性全体の就業率が70％程度であることを合わせて考えると、国際的にみた場合だけでなく、女性間の国内比較の点からも母子世帯の就労率がきわめて高いことがわかる。さらにいえば、「ダブルワーク」をおこなっている母子世帯の母親は２０１６年時点で８・４％（２０１１年時点では６・９％）、父子世帯の父親は６・４％（２０１１年時点では６・３％）であった。非正規の仕事を掛け持ちする「ダブルワーク」のさらに上をいく「トリプルワーク」をおこなっている者さえいるのが現状である。

労働政策研究・研修機構の「子育て世帯全国調査」（２０１８年）によれば、ふたり親世帯の母親の週平均就業時間は28・９５時間であるのに対して、ひとり親世帯の母親は36・３９時間と長い。そして、週40時間以上がふたり親では32・２％であるのに対して、ひとり親では53％と圧倒的に多い。したがって、我が国のひとり親の母親は、就業率も高く就業時間も長い、という前提を覚えておいていただきたい。

ひじょうに小さい家族政策全体の財政的な規模

さて、ひとり親世帯の親が働いているのは我が子との生活のために他ならないが、自分の子どもを育てるために、養育費を受け取っていない場合には、政府からの社会保障かあるいは自らで子どもの養育費を賄わなければならない。前章で述べたように、ひとり親世帯には、平均して1・5人の子どもがおり、月に約9万2000円子どもにお金がかかる。養育費を受け取っている母親は24％程度に過ぎず、受け取っている場合でも月に3〜4万円程度である。

子どもを育てるために、子どもに対してどれくらい政府が支出しているか、内閣府による『平成29年版 少子化社会対策白書』にて確認したい。

図7―1は、各国の家族関係社会支出の対GDP（国内総生産）比を比較したものである。国民負担率の違いもあって、単純な比較は不可能だが、欧州諸国にくらべて日本は現金給付、現物給付を通じた家族政策全体の財政的な規模が小さいことがわかる。仮に、子ども手当の推計を含めても、他国にくらべてひじょうに少ない。図7―1で使用されているデータは2013年や2014年のものだが、現在利用できるもっとも新しいデータを用いた筆者による2015年の推計においても、1・3％程度とほとんど変わらない。

なお、日本の公的社会保障支出の対GDP比は、2015年において22・4％と、上表の欧米各国と比較しても遜色ない（アメリカ24・6％、イギリス22・6％、OECD平均20・4％、最高はフランス32・2％）。年金と医療にほとんど占められていて、家族関係社会支出を含む福祉にはほとんど振り分けられていない。また、教育関連の公的支出も、日本はわずかである。高等教育に占める私的・公的負担の割合を見ても、日本は50％も親が負担している

図７−１　各国の家族関係社会支出の対 GDP 比の比較

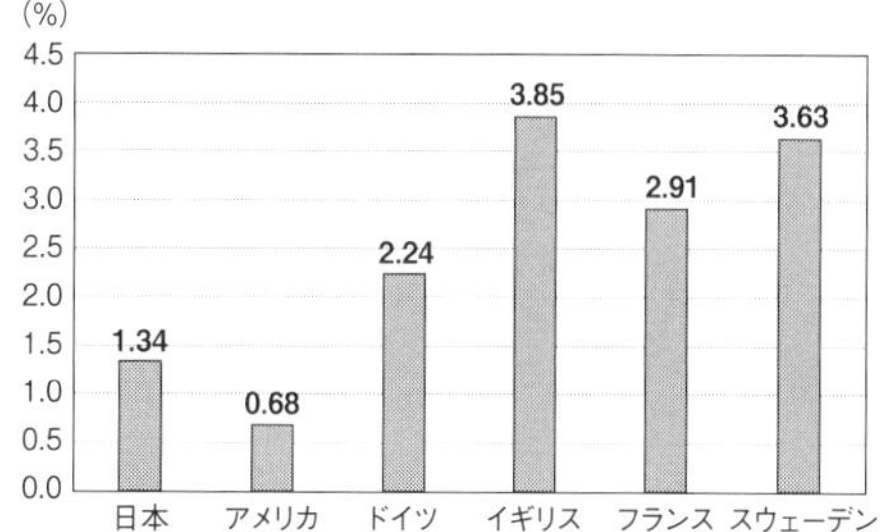

資料：国立社会保障・人口問題研究所「社会保障費用統計」(2014年度)

注：1. 家族関係社会支出…家族を支援するために支出される現金給付及び現物給付（サービス）を計上。計上されている給付のうち、主なものは以下のとおり（国立社会保障・人口問題研究所「社会保障費用統計」巻末参考資料より抜粋）。
・児童手当：給付、児童育成事業費等
・社会福祉：特別児童扶養手当給付費、児童扶養手当給付諸費、児童保護費、保育所運営費等
・協会健保、組合健保、国保：出産育児諸費、出産育児一時金等
・各種共済組合：出産育児諸費、育児休業給付、介護休業給付等
・雇用保険：育児休業給付、介護休業給付
・生活保護：出産扶助、教育扶助
・就学援助・就学前教育：初等中等教育等振興費、就学前教育費（OECD Education Database より就学前教育費のうち公費）
2. 日本は2014年度、アメリカ、ドイツ、イギリス、フランス、スウェーデンは2013年度

出所：内閣府『平成29年版 少子化社会対策白書』

状況にある。義務教育の場合でも教科書代は必要なくても、給食費など親の負担が必要なものがある。これについては、橘木『子ども格差の経済学』（２０１７年）を参照されたい。

ひとり親世帯の相対的貧困率

したがって、日本において子どもを育てようとした場合、他の先進国にくらべるとより一層自力で何とかするしかない。これがどういう結果を導いているかというと、OECD Family Database によれば、２０１２年時点において日本はひとり親世帯の相対的貧困率が56％

と、OECD諸国中もっとも高い数値を示している。OECD諸国平均が23・2%であることと比較すれば大きな差である。なお成人が2人以上いて片方の親が働いている場合の日本の相対的貧困率は13・2%、共働きの場合でも11・4%だが、その場合OECD平均は20・7%と4・2%である。したがって、他の先進諸国とくらべて、我が国では、ひとり親世帯になれば貧困になる傾向が見られるといってよい。

「男性稼ぎ手モデル」の優遇

①OECD平均における共働き世帯の貧困率が4・2%であるのに対し、日本は11・4%である点と、②我が国の貧困率がOECD平均より下回っているのは、一つの家庭に成人が2人以上いて片方の親が働いている場合のみであるという二つの点に着目しよう。

まず、国際的にみて我が国の共働き世帯の貧困率が高いという第一の点について言及したい。我が国では、かつて夫の所得が高ければ妻は働かず、夫の所得が低ければ妻は働くという「ダグラス＝有沢の第二法則」が存在していた。高学歴者同士、低学歴者同士など稼得能力が同じ者同士が夫婦になる傾向がみられる。橘木・迫田による前著『夫婦格差社会』では稼得能力の低い者同士の夫婦をウィークカップルと称している。夫婦ともに働いても妻が夫と同じくらい稼げるわけではなく、稼ぎが少ないうえに、日本においては政府の所得再分配が共稼ぎ世帯の貧困率を高めている。

つぎに、一つの家庭に成人が2人以上いて片方の親が働いている場合に、国際的にみて貧困率が低い点について触れたい。これはどういうことか考えてみると、我が国の税制も社会保障制度も「夫は仕事、妻は家庭」――これを専門用語で、「男性稼ぎ手モデル」と呼ぶ――を共働き世帯とくらべて未だに優遇しつづけていると言えないだろうか。

ひとり親と子ども2人の世帯の税・社会保障の純負担（所得課税＋雇用者の社会保険料－社会保障現金給付）が粗賃金収入に占める比率（平均負担率）は、ひとり親世帯にとても厳しい負担を課している（大沢真理「日本の社会政策は就業や育児を罰している」2015年）。

「ワークフェア」の限界

さて、我が国のひとり親世帯の親たちの就労率はじゅうぶんに高く、そして、2012年以降子どもの貧困率およびひとり親世帯の貧困率は上昇しているのにそれでも、就労を福祉受給の条件とした「ワークフェア」はまだ掲げられている。「ワークフェア」が充実したものであれば、福祉を受けずとも高い収入が得られ、満足して生活できる。そうであれば問題はないが、ひとり親世帯の高い就業率とひとり親世帯の子どもの高い貧困率を見るかぎり、さらなる「ワークフェア」政策は限定的な効果しか持たないように見える。それはなぜかを解き明かすとともに、この「福祉から就業へ」の政策がどれほど有効であるか確認したい。

働き盛りの世帯主に加えて、配偶者がパートタイムなどで家計を補塡している1・5馬力の家計や、夫婦ともに正社員の2馬力世帯にくらべれば、女あるいは男手一人で育てている世帯が経済的困難に遭いやすいのは当然である。ここで、先の表7−1で世帯年収・就労収入を確認しよう。

世帯——すなわちひとり親世帯の親と子に加えて同居している家族がいれば含める——の平均年収（生活保護給付、児童扶養手当、養育費、就労収入などをすべて合わせた合計額）は、母子世帯が348万円で、父子世帯は573万円である。母子世帯では同居親族の収入を含めてもふたり親共稼ぎ世帯の半額以下である。母親自身の収入（他の世帯員のものを除く）は243万円、父親の場合でも自身の収入は420万円である。表7−1によれば、働いている母子世帯の母のうち、44・2％が「正規の職員・従業員」に、43・8％が「パート・アルバイト」に就いており、父子世帯の父のうち、68・2％が「正規の職員・従業員」に、18・2％が「自営業」に、6・4％が「パート・アルバイト」に就いている。正規の職員・従業員に就いている父は428万円の所得があるが、約半数を占めるパート・アルバイトに就いている母親の就労収入は133万円である。誰かと住んでいればいいのかもしれないが、前章で述べた通り、母子世帯の多くは同居者がいない母子のみの家庭である。その場合、母子の世帯における母親の平均年間収入は前述の通り、243万円と相当低い。高い就業率・長い就業時間にもかかわらず、1馬力にも満たない状況は「働けど働けど我が暮らし楽にならず」ではないだろうか。

母子家庭の貧困は社会構造の縮図

この「働けど働けど我が暮らし楽にならず」には理由が3つある。

第一の理由は男女間の経済水準の違いである。

第二の理由は、ひとり親世帯の親に低学歴者が多く、そのため、不安定な非正規労働の仕事に就く者が多い。非正規労働者の賃金が低いため長時間にわたって労働しても、収入が高くならない。

第三の理由は、子育てに時間も金銭も大きなコストがかかることである。ひとり親は賃金労働と家事（育児）労働を天秤にかけなくてはならない。さまざまな制約条件によって身動きの取れないひとり親世帯に問題が凝縮し、表れているのである。

さて、まず第一の理由の背景について見てみよう。男性に比して女性は離婚後に生活水準が悪化しやすいことが知られている。Weitzman（*The divorce revolution*, 1985）は、アメリカのデータを用いて、離婚後に女性の生活水準は73％低下するのに対して、男性の生活水準は42％上昇すると示した。規模の経済を考慮したアメリカの事例においても、女性は7～30％程度所得水準が低下するという研究結果がある（Hoffman, "Marital instability and the economic status of women", 1977, Hoffman and Duncan, "What are the economic consequences of divorce?", 1988, Peterson, "A re-evaluation of the economic consequences of divorce", 1996）。したがって、離婚と生活水準の関係については男性はそれほど影響を受けないケースがめだつとしても、女性の場合には下落傾向を示す、といってよいだろう。アメリカの研究に倣ったヨーロッパの研究においては、南ヨーロッパやスカンディナビア諸国では離婚後の生活水準の下落が小さいのに対して、オーストリア、フランス、ルクセンブルクとイギリスでは離婚後の生活水準の下落が大きいと、地域差があることが判明している。なお、Andreß et al.（"The Economic Consequences of Partnership Dissolution", 2009）によれば、スウェーデンは例外のようである。

我が国の事例でも、他の欧米諸国同様に、男性の場合にはほぼ横ばい、女性の場合には下落傾向が見られている。しかし、この男女差は学歴・職業・子どもの有無・再婚といった要因によって生じているものであるというから、男女格差とは言い難いかもしれない。詳細な分析が必要であるが、これらの差は、社会保障制度や税制、労働市場構造に起因するものかもしれない。OECD Family Databaseによれば、2014年時点で離婚女性の就業率が有配偶女性の就業率よりも高い国ばかりではない。

第8章で述べるが、離婚と所得水準の問題は、離婚が多く発生する階層の問題とも絡まっている。現在のところ、同じような社会階層の男女が結婚しているのだが、離婚は男女ともに低学歴層である場合に多く生じている（村上あかね「離婚によって女性の生活はどう変化するか？」2009年、労働政策研究・研修機構『子育て世帯のディストレス』2017年）。

したがって、低い学歴が導いてしまう不安定な働き方と収入のまま結婚して、経済的に不安定なまま離婚するケースが低学歴層には見られる一方で、高学歴ならば離婚しても、貧困に陥らないとは言えない。高学歴で、正社員経験のある人でも高学歴の夫の転勤についていくために仕事を辞めた場合や、妊娠・出産を契機として仕事を辞めた場合等、一度正規雇用の職を離れたら離婚後に以前と同じレベルの待遇の仕事に就くことはほぼ不可能という問題がある。また子どもがいない場合も、自らの食い扶持を得なければならないだろう。子どもがいる場合には、前章で述べた通り、元の配偶者からの養育費は――そもそも断ったか途切れたか、もしくは養育費自体を知らなかったなどさまざまなケースが考えられるが――ない場合が多く、政府からの手当は少なく、自分で子どもを育てようにも不安定な職しか見つからないので、いつまでも苦しいままという状況がうかがえる。労働市場参加が限定的あるいは断続的な女性ほど離婚後に受ける経済的影響が大きいといえよう。

世帯所得は252万円から160万円へ

では、離婚することによって、子どもを抱えた親たちの生活水準はどのくらい下がるのか。結婚・出産・離婚などのライフイベントと働き方・収入の連動を見るには、同一個人を長期間にわたって追跡するパネルデータによる分析がもっとも望ましいのだが、我が国においてのパネルデータ設計はまだまだ貧弱なのが現状である。また、パネル調査やその分析は主流になりつつあるのだが、大規模なパネルデータでも、絶対数の多くない離婚を把握するのは難しいし、離婚したことを申告する人も多くない。さらに、別れた夫婦のあいだに子どもがいた場合にはなおさらだ。離婚して子どもと一緒に住んでいない場合には、自分が（子どもの）親であることを申告することが少ないという事実もある。18歳未満の子のいる離婚した男女の人数は本来ならば一致するはずだが、離婚した父親の数は離婚した母親の数の65％程度に過ぎない。男性は、忘れてしまっているのか、思い出したくないのか、子どもがいることを言わない傾向がある（ひとり親のなかには、国際結婚をした後、親の一方は自国に戻ったり、非婚のまま、親となった場合も存在する）。

離婚によってどの程度生活水準が下がるのかという話に戻ろう。1993年からいち早くパネルデータ設計をおこなっていた公益財団法人家計経済研究所による「消費生活に関するパネル調査」が存在するものの、女性を対象としているために男性のことはわからない。坂口尚文は「結婚、離婚に伴う女性の所得、支出変化」(2006)において「消費生活に関するパネル調査」より、世帯所得(世帯人数で調整済み・中央値)は離婚前の252万円から離婚後は160万円へと大きく低下することを明らかにしている。

なお、この研究によって、所得低下により支出の予算制約が高まって食費・交際費や衣類などを購入していないにもかかわらず、消費内容満足度がそれほど低下していないことについて、家計からの支出に対する裁量が高まったためだと指摘している。貧しくともお財布を自由に使えるというのはたしかに嬉しいことである。

また、同様にして「消費生活に関するパネル調査」を用いた村上「離婚によって女性の生活はどう変化するか?」では離婚後、収入の上昇がほとんど見込めないことを明らかにした。村上はさらに、「離婚による女性の社会経済的状況の変化」(2011年)において、稼得能力が高い大卒者の場合、離婚による経済力への影響は緩和されるか分析したのだが、離別女性の約9割が働いているのに、その平均世帯収入は有配偶女性の平均世帯年収の約7割(離別女性の平均世帯収入が218万円、有配偶女性の平均世帯収入が354万円)であることが示された。また、離婚がもたらす収入抑制効果はなかなか根強く、離婚から4年が経っても収入の増加はほとんどみられないことを示した。

したがって、必死に長時間働いても経済的に生活が困難である点が日本の母子家庭の大きな特徴である。母子家庭の生活水準についてはは焦点を当てても、離婚後の生活水準について性差があるかという観点からおこなった研究は少ない。

離婚が多く生じているのが低学歴すなわち定職に就けなかったり、不安定な収入になりやすい人たちであるなら、「働けば楽になるよ」というのはまやかしに過ぎない。実際に、「全国ひとり親世帯等調査」では、母親の就業状況と母親の最終学歴には正の相関が見られ、高学歴で就業率も高いけれども、生活は楽ではない。自分の社会経済的背景で働いても働いてもまともな生活ができるような充分な収入を得られないのに「働けば生活が楽になるよ」と言われても、誰も楽な生活を享受していないのに理不尽さを感じるだけであろう。離婚後に母子家庭が貧困に陥るのは女性だから起こりうる問題なのではなく、賃金の低い仕事で働く、子どもをもつ方に凝縮されているのであって、我が国の労働市場構造の問題に起因している。日本の母子世帯は働いているのに貧困なのである。

「就業支援」プログラムの中身

だが２０００年代以降日本のひとり親世帯に向けた施策は、２００２年の「母子及び寡婦福祉法」の改正を皮切りとして、児童扶養手当中心の支援から、就業・自立に向けた総合支援に転換して、経済的な支援を削減する方向に向かっている。すなわち「福祉から就業へ」のスローガンを掲げたのである。それがどのような問題を引き起こしたのか、第二の理由を絡めながら説明したい。

さて、その前に、ひとり親世帯に対する自立支援策の体系について張思銘（「日本における母子世帯の就業支援と生活保障」２０１７年）の表がわかりやすいので引用して、確認しよう。

表7−2に基づけば、「福祉から就業へ」というのは、「経済的支援」の負担割合を減らし、「就業支援」を拡充する動きである。ひとり親世帯でも、とりわけ貧困状況に陥りやすい母子世帯に対し、就業支援プログラムを講じることによって職業能力を向上させ、貧困・低所得状況から脱却させようという目論見である。実際に、看護師等の専門資格を持つ者や、正社員就業を継続してきた者、国の職業能力開発支援を利用した者が稼働能力を高めていると述べている。

「全国ひとり親世帯等調査」でも、高い比率で役立っていると述べた資格は「看護師（97・4％）」「准看護師（94・1％）」「介護福祉士（89・1％）」「作業療法士（１００％）」であった。

この「就業支援」は、「母子自立支援プログラム」「母子家庭等就業・自立支援センター

表７−２　ひとり親世帯に対する自立支援策の体系

子育て・生活支援	母子自立支援員による相談支援 ヘルパー派遣等による子育て 保育所の優先入所 学習ボランティア派遣等による子どもへの支援 母子生活支援施設の機能拡充
就業支援	母子自立支援プログラム 母子家庭等就業・自立支援センター事業の推進 母子家庭の能力開発等のための給付金の支給など
養育費確保支援	養育費相談支援センター事情の推進 母子家庭等就業・自立支援センター等における養育費相談の支援
経済的支援	児童扶養手当の支給 母子寡婦福祉資金の貸付

出所：張（2017）

事業の推進」そして「母子家庭の能力開発等のための給付金の支給など」に分類される。さて、ではこれら「就業支援」策のプログラムの中身について精査しよう。

就業支援策の有効性について検討した周『母子世帯のワーク・ライフと経済的自立』（２０１４年）では、「就業支援」策のうち、「高等技能訓練促進事業」は母子世帯にとって期待収益率が高く、非正社員から正社員への転換割合が高いことが示されている。ただ、母子世帯の平均年収はやや改善した一方で、年収３００万円以上の母子世帯の割合が低下し、母親の正社員率も低下していることを根拠として、「福祉から就業へ」のスローガンが成功していないとしている。「高等技能訓練促進事業」は「就業支援」策のうち、母子世帯に対する唯一の成功だったのである。

正規雇用のデメリット

さらには、非正規就業をおこなっている母子世帯の母の75％は「正社員になることを望んでいない」ことも示した。したがって、正社員になれた一部の者はよかったが、そもそも正社員としての正規雇用を希望していなかったり、正社員になれなかった者はそのまま厳しい状況に取り残されたというわけである。

これは、我が国の正規雇用制度は、雇用保障、企業内福利厚生、安定した収入等のメリットが享受できる代わりに、慢性的な長時間労働、頻繁な配置転換、転勤などのデメリットがともなう故だろう。とりわけ、育児をしていれば時間的な制約が多い。「子どもが熱を出したから帰ります」「インフルエンザで保育園が閉鎖したから今日はお休みします」に、「だからひとり親家庭は困るんだよね」と言われた経験のある人は少なくないのではないだろうか。自分だって子どもだったくせに、と筆者は思う。「夫は仕事、妻は家庭」の「男性稼ぎ手モデル」なら子どもが生まれても――それでも母親ひとりによる育児は大変だが――対応できるが、ひとりの親が長時間労働の正社員をしつつ親の役目を充分に果たそうとするのは至難の業だろう。このような我が国の正規雇用者の労働状況を見れば、非正規雇用されている母子世帯の半数以上が正規雇用を望まないという結果もうなずける。

なぜ「あえて」選択するのか？

さて、石井加代子・樋口美雄「非正規雇用の増加と所得格差」（２０１５年）による我が国における働き方と貧困率の分析によれば、現役労働者の世代について二つのことが判明している。それは、①世帯主が正規労働者として働いているかぎり貧困率が５％であるのに対し、世帯主が非正規労働者であれば貧困率は21％であることと、②貧困世帯全体の54％を非正規労働世帯が占めていること、である。したがって、非正規雇用の世帯主の増加が貧困率の上昇をもたらしていると言えるだろう。では、これは母子世帯特有の労働問題ではなく、我が国の非正規・正規雇用の労働問題に相違ない。

先ほども指摘したが、ひとり親世帯の父・母親の就業率は高く労働時間も長い、それでもなお貧しいためにダブルワーク・トリプルワークを重ねて生計を立てようとしている。生活基盤が安定しないなかで、親の長時間労働が子どもに悪影響を及ぼしてしまうのではないかと気にかけながら、正社員になってしまったらさらに子どもとの時間が少なくなると懸念しているのではないだろうか。実際に、労働政策研究・研修機構（２０１７年）による、就業時間についての母親の意識についての調査では、「仕事の時間が長すぎて家事や育児を果たす事が難しい」と述べている母親の割合は、ふたり親世帯の母親では47・1

%、ひとり親世帯では59・9%である。もっとも、ふたり親世帯の多くもパートタイムや派遣など、非正規労働者として働いている人が多いことを考えれば、この問題は、非正規労働者の時間単位の賃金の低さの問題だと言える。

ひとり親世帯の父・母親らにも「子どもがいるのに離婚をして、正規労働者で働けばいいものを非正規の仕事しかしないなんて」「自己責任だ」という人もいるだろう。このような、選択に対する自己責任を求める風潮は近年強まっている。

家族のためにあえて条件の悪いものを選択する人びとに対して、労働を条件にした福祉制度は厳しすぎるのではないか（哲学者のElizabeth Andersonによるこの理論は「運の平等主義に対する過酷性批判」と呼ばれている）。

上昇する純負担率に対して

なお、最後に、政府は一貫してひとり親世帯に厳しい態度を取ってきたのではないことを主張したい。仮に非正規で稼げなくとも再分配政策が手厚ければ問題は大きくない。直接税・社会保障負担の総額から社会保障の現金給付を差し引いた割合を「純負担率」というが、2009年に11・3%だった純負担率は、2010年に7・4%、2011年に8・4%と減った時期があるのだ。これは、2010年より民主党政権が導入した「子ども手当」の効果のためである。これは、中学修了までの子ども一人につき、毎月1万3000円手当が支給されるというものであった。しかし、子ども手当の導入にともなって廃止された年少扶養控除（納税者に16歳未満の扶養親族がいる場合に適用される所得控除のこと）によって、2011年より所得税38万円、2012年より個人住民税33万円の控除が廃止された。そのうえ、2012年3月をもって子ども手当は廃止され、児童手当法に所得制限などを盛り込むかたちで改正されたことを受けて、12年にはふたたび純負担率は12・7％に上昇している。『子ども手当』は、限りある所得再分配の資金の使い方として、効率的だった」（大沢、2015年）。したがって、児童手当の減額を取りやめ、医療・年金ばかりでなく福祉に社会保障費用を振り分けることを渇望する。

現在のところ、ひとり親世帯の男性は家事に悩み、女性は金銭問題に悩んでいる。離別女性の9割が働いても有配偶女性の平均年収の約7割にとどまることや子どもを抱えながら働いても収入が低いことを考えれば、女性にとって、再婚は貧困・低所得から脱却する一つの道になりうるし、男性にとっても再婚は家事・育児の困難を分かち合う相手を得る道となりうるであろう。自分だけでなく子どものことを思って「もう一度結婚してパートナーを得たい」と願う人も多いのではないか。次章ではこのような問題について詳しく検討する。

第8章　離婚と幸福度——もう一度結婚したいですか？

高度経済成長と「専業主婦」の誕生

前章では、社会構造の問題が女性のひとり親家庭に凝縮していると述べた。裏返して言えば、専業主婦ならば、離婚すれば生活に困るだろうが、自分で金銭を稼ぐからこそ離婚という選択も見える、と言える。

「ものづくり」という言葉に代表されるような、20世紀半ばまでの、製造業を中心とした工業化社会の都市部では、男性の雇用と賃金が安定していた。「男性稼ぎ手モデル」すなわち「夫は仕事、妻は家庭」というスタイルにおいては、離婚率も低くなっていた。そもそも女性が働くことが一般的でなかった、働いたとしても賃金が低かった時代である。夫の賃金が高ければ、夫は多くの時間を仕事に費やして、家庭において妻が夫をサポートすることが、もっとも効率的に所得を得られ、そして家事もできる、というものだった。「専業主婦」は豊かな、安定した家族の象徴として捉えられてきた。このような分業の益のため離婚率が低かったが、産業構造の転換と相まって家族のかたちも変わってきた。

「ものづくり」大国が過去の話となった現在をポスト工業化社会と学術用語では呼んでいる。これは、第二次産業（製造業・建設業など）が衰退し、第三次産業（サービス業、情報通信業）などの比重が高まった社会のことである。このポスト工業化社会においては、男性の労働が不安定なものとなり、稼ぎもじゅうぶんでなくなると、自分一人では妻子を養えなくなる。

共働き世帯数が専業主婦世帯数を超えたとき

さて、このポスト工業化社会での家族の行動・かたちはどう変わったのか。既婚者と未婚者の二つの場合に分けて考えてみよう。

まず、すでに結婚している人について焦点を当てたい。戦後から1960年代以降の高度経済成長により日本が豊かになった後、「サラリーマン」が一般的になり、「専業主婦」という生き方を選ぶ女性が増えていった。長年、「夫は仕事、妻は家庭」が多数派だったが、1990年代を境に、専業主婦世帯の数よりも共働き世帯の数のほうが多くなった。そして、2000年代以降、有配偶女性の労働参加率は増加し、夫の所得低下を補うために非正規雇用労働者として労働する妻の存在が増えていると考えて差し支えないだろう。さらなる詳しい説明については、『夫婦格差社会』や筒井淳也による『仕事と家族』（2015年）を参照されたい。

「結婚しない」と「結婚できない」

一方、未婚者については、1970年代半ば以降から晩婚化が進み、さらには、未婚化の現象が見られるようになった。人の結婚事情は身近な問題であるし、さまざまなメディア・媒体で「若者の結婚離れ」と称して、未婚化現象について議論がおこなわれるが、未婚化研究を鳥瞰してみると、若い世代は結婚を選択しなくなったという議論と結婚できなくなったという議論の2種類が存在する。前者の「非婚化」は、女性の社会的な地位上昇を謳う「女性の自立仮説」に依るものである。この「女性の自立仮説」では、女性が高学歴になり、さまざまな働く機会が増えて稼ぎも良くなれば家庭を求めなくなるのではと言われていた。それは、ちょうど欧米諸国で第二次産業が衰退し第三次産業が盛んになった年代――いわゆる「ポスト工業化社会」にあたる時代――である1970年代において女性の労働力参加率とともに離婚率が上昇していることを踏まえて、夫婦両者が職業生活と家庭生活を重視するために夫婦の利害が衝突することが指摘されたためかもしれない。

これは女性ばかりではない。男性から見ても、家でわざわざ自炊せずとも手頃な店で食事を済ませられるようになった社会であれば、さらに踏み込んで言えば、風俗・性的サービスが広く普及して性欲さえ外で発散させてくることのできる社会になったのであれば、わざわざ結婚して家族を持つメリットはないと思っている男性も少なからずいるかもしれない。いずれにせよ、両親が形成したような家族を、子ども世代も同じように築くことが難しい時代に入った。

このような「ポスト工業化社会」の到来によって、「家族は必要か？」という問題に直面したのである。経済的格差がその影響を結婚にも与えるようになった。女性の経済的な自立が広まり、女性の生き方が多様化するなか、変わらず妻子を養える男性と、自分一人の収入では家庭を支えきれない男性、家庭さえ持つことがままならないほどの低収入の男性が出始めた。言い換えれば、「夫は仕事、妻は家庭」という前提を、満たせない、維持できない人たちが出現したのである。

「男女雇用機会均等法」の成立

欧米諸国で「ポスト工業化社会」を迎えるきっかけとなったのが1970年代、1973年に起きたオイルショックを発端として、先進国に経済成長の兆しが見えはじめたことである。我が国において成長に暗雲が垂れ込めるようになったのは1990年代にあたるだろう。その直前の1986年には「雇用の分野における男女の均等な機会及び待遇の確保等女子労働者の福祉の増進に関する法律」通称「男女雇用機会均等法」が施行されている。この「男女雇用機会均等法」の成立過程に着目してみたい。

1979年国連総会にて「女子差別撤廃条約」が採択される。1985年には日本も条約を批准する運びとなっていた。当時、1972年に制定された「勤労婦人福祉法」が女性保護を謳い、男性との同等の扱いを避けてきていた。女性保護の観点から、女性の仕事に多くの制限が課されていた時代である。

「男女雇用機会均等法」の立法責任者である赤松良子による手記には、その壮絶な闘いが描かれている。赤松らの血の滲むような努力の末、ギリギリのタイミングで「男女雇用機会均等法」は成立した。これにより、「女性労働者、とりわけ若い世代のモチベーションを上げた可能性がある」、「男女雇用機会均等法」についてのさらなる解釈については、笠井高人・川口章による男女雇用機会均等法30年を顧みた２０１７年の論文を確認していただきたい。

我が国での女性の働き方は、この「男女雇用機会均等法」をきっかけに新しい時代を迎えたのである。さらには、「勤労婦人福祉法」が定めていた女性保護――すなわち女性の時間外・休日労働、深夜業の規制――が１９９７年に完全に取り払われた。産業構造の変化のなか、男性しかできない仕事も少なくなってきた。男女平等の働き方を求める声が高まりつつあったなか、「男女雇用機会均等法」の成立とともに女性の就業が一般的となって、１９９０年代には、専業主婦世帯よりも共働き世帯が多くなり、それとともに、「夫は仕事、妻は家庭」という家族のかたちは少しずつ変わっていったのである。

別れる選択肢がある時代と女性自立仮説

ではこのような産業構造の変化と法律によって、働く平等を得たのだから社会で働いているほうがよいと、高学歴・高収入女性がまったく家族を持たない、あるいは家族を捨ててしまうかというと、「いやいや、それは限定的だ」という見方が定説となりつつある。かつて女性にとっては結婚が生きる糧であり、そして男女双方にとっても両親・社会のプレッシャーは強く、「結婚しない」という選択肢はありえなかった。男性にとってもそうだった。今でも多少残っているかもしれないが、男性が会社内で昇進する条件として既婚者であることさえあったのだ。結婚・家庭と仕事がぴったりと密接に関連していたのである。今は、経済的にも社会的にも結婚しなくても生きていける時代になった。結婚しなくても生きていける時代だからこそ、結婚について悩む。研究結果からも、結婚は経済的にも心理的にもメリットをもたらすと、いまなおとらえられている。

離婚に対する社会的プレッシャーも大きく、離婚率の低い時期もあった。「どんな状況でも別れられない」と「別れる選択肢がある」というのはまったく異なる。「別れる選択肢がある」状況のなかで、女性の社会経済的状況と離婚の問題は複雑であり、決定的な論文はなかった。しかし、Stacy J. Rogers による２００４年の論文——その名も“Dollars, Dependency, and Divorce”（「お金と依存と離婚」）——が、それに一石を投じた。

女性の経済的な自立は離婚確率を高めるという研究結果もあれば、そうでないという論文もあるし、夫と妻が同じくらい稼いでいるときに離婚確率がもっとも高くなる、いやいやもっとも低くなるというバラバラな結果があった。これについてRogersは、「結局、一体どれが正しいのか？」と、それぞれ女性の自立（Economic Independence）、等依存（Equal Dependence）、協力的役割（Role Collaboration）、経済協力関係（Economic Partnership）という四つの仮説を立てて、女性の収入と離婚率について検証した（190ページ図8－1参照）。

注目すべきは、「女性の自立仮説」と経済協力関係仮説のどちらが正しいかというポイントであろう。この経済協力関係仮説は、女性が稼ぐほど家計における経済的なストレスがなくなるために、離婚率が下がるというものである。この検証の結果、「女性の自立仮説」がある程度説得力を持っている、という結果が出ている。これにしたがえば、経済力がつくと離婚する選択肢が見えてくることになる。

弱い立場の人ほど離婚が起きやすいか

誰もが自由に稼げ、結婚する自由をもち、あわないときには離婚する自由があればよかっただろう。しかし、近年、社会経済的に弱い立場の人ほど離婚が起きやすいという結果が実証研究によって定説となりつつある。人口学者のSara McLanahanは2004年の研究報告において、経済的な資源が豊かな女性には、子どもにとって良い影響を与える傾向（晩婚化・晩産化・母親の就業）があり、経済的な資源が乏しい女性には、子どもにとって悪い影響を与える傾向（離婚・未婚の出産）があると提唱した。さて、この結果が我が国に当てはまるか、が議論のポイントだろう。

低学歴・低所得・人種という条件が重なると離婚が起きやすいというアメリカの事例があるが（Amato, "Research on divorce", 2010)、これまでの日本では人種という区別は注目されてこなかったので分析としては参考にはしにくいのだろう。しかし、日本においても低所得・低学歴層に離婚が集中しているという答えが出ている（加藤「離婚の要因」２００５年、福田節也「離婚の要因分析」２００５年、林・余田「離婚行動と社会階層との関係に関する実証的研究」２０１４年、Tanaka, "Career, Family and Economic Risks", 2008)。しかもその傾向は近年強まっている。したがって、離婚は社会のなかでランダムに発生しているのではなく、階層的要因と相関を持っていると見られるようになっているのだ。だからこそ、ひとり親の問題は重要なのである。

男性は一様な生き方しかしない

ここまで結婚という二人の間の話を扱うのに、片側の女性についてしか焦点を当てていない。「だって、結婚したがってるのは女性じゃないか」と思う男性読者は多いだろう。しかし、男性諸君はよく考えてみてほしい。女性は人生のさまざまなタイミングで選択を迫られるからこそ生き方の多様性も高まるが、男性は誰も彼も一様な生き方ではないか？

結婚は女性よりも男性にとって大きな心理的メリットをもたらすものであることが示されている。これは「結婚は男性にとって自分を支えてくれる希少なサポート資源」ゆえであろう。心理的なメリットだけではなく、肉体的にもメリットをもたらしてくれると意外なことがわかりはじめた。

女性のほうが生き方の多様性があると言ったが、男性は、残念ながら、まだまだ一様な生き方しかないのが現状である。結婚と同時に転職・離職するのも多くは女性だし、子どもが生まれても男性は育児休暇を取る比率さえいまだ低い。都道府県ごとの失業率の変化と離婚率の変化を見た橘木・木村匡子『家族の経済学』（２００８年）では、やはり失業率が大きく上昇した地域ほど離婚率も高まっているし、所得が少なければ結婚もままならないことを明らかにした。男性が非正規雇用のために雇用が不安定で収入が低いと結婚が難しくなる。「三〇〇万円の壁」と呼ばれるように、年収が３００万円に届かない男性は自分の生活が苦しいのもさることながら、家庭をもって安らぐことさえできないのである。男性にはまだまだ生き方の多様性が認められていないのが現実である。女性の生き方を追究する女性学に刺激され、男性の生き辛さに焦点を当てた男性学が近年台頭しているが、男性学を研究している田中俊之は日本では〝男〟であることと〝働く〟ということとの結びつきがあまりにも強すぎると述べており、男性の生き方に多様性がないことがよくわかる。

夫と妻の気持ちのバランス

女性の経済的な自立は離婚と正の相関が見られる、という「女性の自立仮説」はある程度説得力を持っているようだ、ということはわかった。離婚がある程度一般的になった現在、離婚は何が何でも避けなければならないものでもなく、また自分で稼ぐことができると、総合的に離婚しやすくなる状況となった。すると、気になるのは、「どの程度稼ぐと離婚しやすくなってしまうのか？」という、夫と妻の収入の多寡に踏み込んだ話が必要となってくる。それに、共稼ぎが一般的になると世帯の社会経済状況が二人の総収入によって決まるために、夫も妻の経済力に関心を持つようになるという研究結果も得られている。

さて、先ほど、「夫よりも収入の多い妻とのカップルにおいて、結婚生活への満足度が低かったり、離婚確率が高かったりする傾向が見られる」といったが、この点に焦点を当てて、本題である、女性の経済的自立と離婚確率について切り込んでみよう。

すると、家庭内での夫婦関係を考えるには二つの要素を考慮しなければならない。一つは、前述の通り、妻・夫それぞれの収入の多寡やバランスによって満足度が違うかもしれない、という点である。夫が稼いでいれば問題ないということではない。具体例を考えてみよう。「妻が離婚を望んでいるなんて思ってなかった。青天の霹靂だ」という話を聞いたことがあるだろう。いわゆる「熟年離婚」である。夫の定年退職を待って離婚したいと夫に告げる「熟年離婚」のケースが一時期話題を呼んだ。「夫は仕事、妻は家庭」という夫婦において、夫の収入に頼って生活しているので妻の満足度は高いにちがいないと判断してしまっていたところ、「お茶のありかさえわからないあなたの面倒なんてこりごり」と妻が不満を持っていたことがわかるという場合である。そして、それはもう一つの要素と密接に絡み合っている。

もう一つは、妻が働くようになれば夫の家事・育児への参加も求められるので、夫婦の家事負担割合が要素として挙げられる。妻と夫のどちらがどの程度家事をするのかという関心の下、多くの研究が進められてきたが、家事分担が妻・夫で平等にならないにもかかわらず妻の不満足感が高まらないことから、家事分担の認知、すなわち、どのような家事分担が妻や夫の満足・不満足につながり、夫婦関係に影響を与えるのかという関心が高まってきた。

さらに言えば、同じ働き方、同じ家事分担でもそれぞれの性格によって、夫婦関係の満足度は異なるかもしれない。以下では、離婚を決定する要因の一つとして家庭内での夫と妻の気持ちのバランスについて、所得と家事分担という二つの点から探ってみたい。

表8－1　第1波（2007年）時点の結婚満足度の分布（%）

	男性	女性
不満である	0.9	2.7
どちらかといえば不満である	1.7	4.1
どちらともいえない	9.6	15.2
どちらかといえば満足している	33.6	38.9
満足している	54.2	39.1
合計	100	100
実数	533人	778人

注：すべての調査年で結婚しており、かつ、一度も結婚満足度に欠測値がない者に限る
出所：林・余田（2014），p.55より引用

夫と妻が同じくらい稼ぐと……

本題に入る前に、そもそもの問題として、夫と妻のどちらが結婚生活に幸せを感じているのだろうか。ここで、林雄亮・余田翔平による２０１４年の論文に示された結婚満足度の分布を表８－１で確認しよう。男女のあいだで結婚満足度に差が見られるのがわかるだろう。男性の半数は「満足している」と答えているが、女性はそうでもない。また、「不満である」や「どちらかといえば不満である」という人たちの合計は女性が６・８％であるのに対し、男性は２・６％と、概して女性の方が不満に感じている人が多いことがわかる。ただし、不満を抱いているからといって即離婚するわけでもない。先ほどの例に挙げたように、専業主婦の妻であれば離

図8−1　家計に占める妻の収入の割合と離婚確率

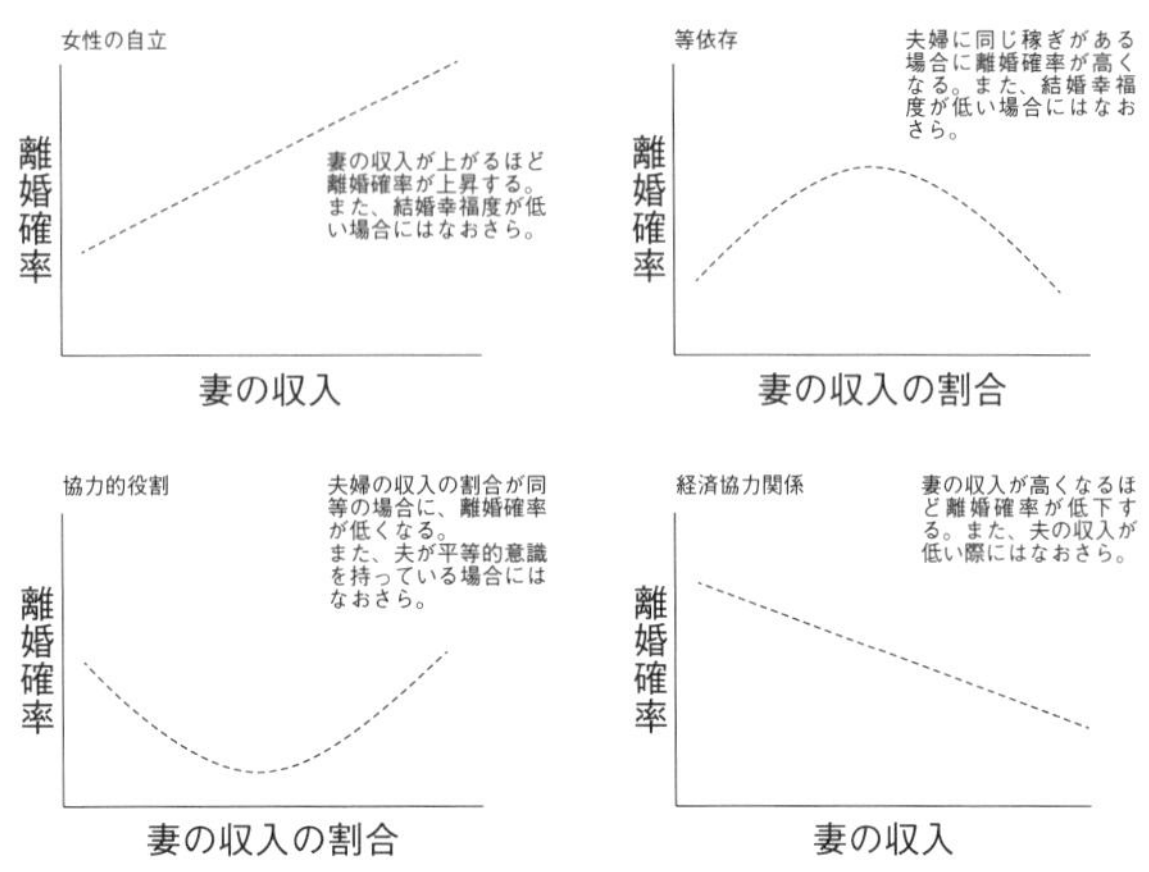

出所：Rogers(2004), p.60 より引用

婚すると金銭的な基盤を失うので、仕事を探すなり、夫の定年退職を待つなどして離婚を踏みとどまっている場合がある。

そうするとまずはやはり所得、とりわけ家計における妻と夫の所得のバランスから検討すべきであろう。先ほどの、「女性の自立仮説」と経済協力関係仮説の対立同様に、論争があった。夫と妻が同じくらい稼いでいるときに離婚確率がもっとも高くなる（Heckert, Nowak & Snyder, “The impact of husbands’ and wives’ relative earnings on marital disruption”, 1998, Nock, “A comparison of marriages and cohabiting relationships”, 1995）とか、いやいやもっとも低くなるという結果もあってやはり収拾がついていなかった。

Rogers の Dollars, Dependency, and Divorce では、家計に占める妻の収入の割合と離婚確率が、逆U字型の関係にあるという仮説（等依存仮説）と、U字型の関係にあるという仮説（協力的役割仮説）の二つを立てて検証した。この二つを含む四つの仮説を図示したものが図8—1である。

家計に占める妻の収入と離婚確率のあいだには逆U字型の関係があることが示されている。また、妻による収入が家計の40～50％程度を占めたときにもっとも離婚確率が高くなると述べている。すなわち、夫と妻が同じだけ稼いでいるときにもっとも離婚確率が高くなるというわけである。しかも、結婚満足度が低ければなおさらだ。

女性がまだまだ稼ぎにくいという社会的な状況もあるだろうが、夫の収入を超えそうになると、妻が仕事を減らすなどして、収入を超えないようにしているためだと解釈ができるだろう。それは夫よりも収入の多い妻とのカップルにおいて、結婚生活への満足度が低かったり、離婚確率が高い傾向が見られたりするためであろう。

夫の収入を超えそうになったらなぜ妻は仕事を減らすなどして収入を超えないようにしているのか。『夫婦格差社会』で確認できたように、男性の収入が低下しているなか、男性は、できれば未来の妻には稼いで支えてもらいたいと思っている。にもかかわらず、妻の収入が夫よりはるかに少ないときにくらべて、自分の収入以上に妻が稼いでくると夫の満足度がぐんと下がるので、妻の満足度も下がることもわかっている。せっかく稼いできたのに、夫婦どちらの満足度も下がってしまって離婚がチラつくようでは元も子もないので、何とか超えないようにしているのではないか。アメリカなどで話題になった映画"Crazy Rich!（邦題：クレイジー・リッチ！）"では、経営者として成功しているアストリッドが元軍人の夫に対し、「あなたが〝自分は男だ〟と思えるために、私が努力するのはもううんざり」という台詞を吐くのだが、この例に当てはまるだろう。

夫の満足度を高めるには

じゃあどうしたらいいんだ、という声が聞こえてきそうである。仮に夫の収入が10万円減ったとしても同じレベルに夫婦関係満足度を保つためにはどうしたらいいか、という悩みに、山口一夫「夫婦関係満足度とワーク・ライフ・バランス」（2007年）から答えを差し出そう。

＝平日の夫婦の会話時間が1日平均16分増加
＝休日に、妻が夫とともに大切にすごしていると思える生活時間が1日平均54分増加
＝夫の育児分担割合が3％増加

＝平日に「食事」または「くつろぎ」を妻が夫と大切にする時間と感じる日が以前より6日に1日増加

月収が減ったとしてもこのような、妻とのコミュニケーションを豊かにする、妻の相談に乗る等の夫による「情緒的サポート」が妻の夫婦関係満足度に対する効果が大きいという。

もっとも、夫婦の家庭内分業と結婚満足度の関係は一様でなく、人それぞれである。同じように家事・育児分担をさせても、夫が男女平等主義者であるほど、夫の結婚満足度は高まる。我が国の研究においては、まだこのような結果は得られていないが、あながち受け入れがたい結果でないことだけは理解できるだろう。妻が自分と同じくらい稼ぐようになったら夫の満足度が低くなるのは「男の面子」に関わるという気持ちの問題であり、仮に夫が男女平等主義であれば満足するという海外の結果が出ているのであれば、現在、男性がかつてのようには稼げない世の中になっていることとあわせて考えて、男女平等主義でいるほうがどうやら幸せに過ごせそうなことがわかるだろう。

「男はよわいよ」

さて、これまで見てきたように、どんなに仕事や家事・育児を頑張っても、別れが来てしまうときがある。すでに述べたが、離婚を言い出すのは女性が多い。

しかし、妻と夫のどちらが離婚を言い出すかということでまったく話は異なるのに、なかなかそのような点に着目した研究は少ないので、旧来離婚についての統計を扱ってきた「司法統計」を用いた分析が今後必要となってくるだろう。

個人や環境によって異なるだろうからそのまま用いることは不可能だが、ライフイベントのストレス量を得点化した研究（Holmes and Rahe, "The social readjustment rating scale", 1967）によれば、配偶者の死をストレス１００とした場合には、離婚は73だという。また、このような考えに基づいて、社会的属性とディストレス（抑うつ）の状況を探った研究（稲葉「結婚とディストレス」、２００２年）によれば、離婚を切り出された方だからか、離婚のストレスは男性の方がはるかに大きい。

また、幸福感や抑うつは健康とも関係があり（Brickman et al., "Lottery winners and accident victims", 1978, Lyubomirsky et al., "What are the differences between happiness and self-esteem?", 2006, Deaton, "Income, health, and well-being around the world", 2008）、肉体的な健康だけでなく、精神的な健康も幸福度に影響することがわかっている（Lewinsohn et al., "Natural course of adolescent major depressive disorder", 1999）。独身者、既婚者、離婚者のあいだで幸福感がどのように違うのか、その差を調べた場合には既婚者の幸福度が高いことや離婚者の幸福度が低いこと

がわかっている（Veenhoven, “Is happiness a trait?”, 2005, Diener, “Subjective well-being”, 2000, Frey & Stutzer, “What can economists learn from happiness research?, 2002, Frey, *Happiness*, 2008）。国民性によっても大きな違いが見られるはずだが、アメリカ・イギリス・ドイツ・フランス・日本における各国の国民性を踏まえたうえでの分析において、5ヵ国共通して、結婚していることが幸福度に大きな影響を与えていることを明らかにしている（Tachibanaki & Sakoda, “Comparative Study of Happiness and Inequality in Five Industrialized Countries”, 2016）。

近年、疫学的な観点から健康と幸福度の研究が盛んにおこなわれており、離婚は心身の健康にも影響をもたらすし（Amato, The consequences of divorce for adults and children, 2000）、結婚している人とくらべれば、離婚者は幸福感や自尊心が低く、強い抑うつの傾向が見られるという（Amato & Booth, Changes in gender role attitudes and Perceived martial quality, 1995）。

毎週食べる野菜の量は、男女ともに結婚すると増え、離婚もしくは伴侶と死別すると減るし、男性は離婚や死別によって飲酒量が増え、女性は飲酒量が減ることがわかっている（カワチ『命の格差は止められるか』、２０１３年）。夫が稼ぎ手だから、妻が夫の心身の健康状態を管理してあげればよいかというと、これもバランスが大事である。日本の男性の長時間労働者の割合は、女性と比較しても高く、また先進国と比較しても高い。「男は仕事、女は家庭」という規範ゆえに、男性が長時間労働をすると、てきめんに心身の不調や循環器

図8−2　未婚・死別・離別者の病気罹患による死亡率

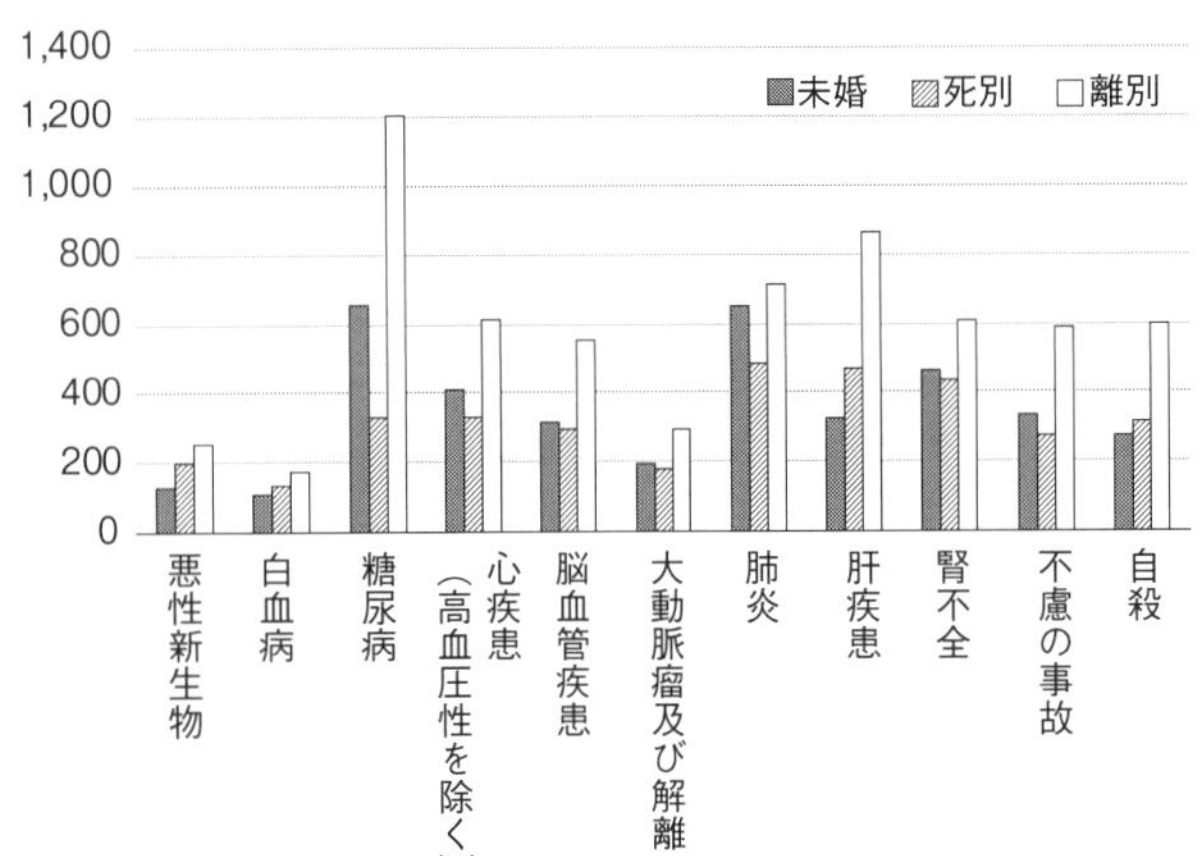

注：2016年人口動態調査「15歳以上の性・年齢・配偶関係・死因（選択死因分類）別死亡数」より男性45〜64歳を抽出。45〜64歳有配偶男性1000人当たりの死因別死亡率をそれぞれ100とした場合の比較にて荒川和久作成
出所：荒川（2018）より引用

疾患のリスクを上昇させる（岩崎『長時間労働と健康問題』、２００８年）。低賃金で雇用が不安定な非正規労働に就業している男性の精神健康は損なわれ、「男性稼ぎ手モデル」が残存しているために葛藤を招き、精神状態が悪いとも言われている（本庄・神林『ジェンダーと健康』、２０１５年）。

しかし、残念なことに、これも男女差が大きい。配偶者と死別した女性の死亡リスクは、配偶者と死別していない女性と比較して差が見られないが、男性では、死別者の死亡リスクは、死別していない者とくらべると格段に高いことがわかっている

(Ikeda et al., "Martial status and mortality among Japanese men and women" 2007, Moon et al., "The effects of divorce on children" 2011)。「2016年人口動態調査データ」のうち、男性45〜64歳の「15歳以上の性・年齢・配偶関係・死因（選択死因分類）別死亡数」を用いて、有配偶者と比較して未婚・死別・離別者らの病気罹患による死亡率がどれくらい違うかを示している図8－2を紹介したい（荒川和久「なぜ『離婚男性』の病気死亡率が高いのか」2018年）。これを見ると、ほぼすべての死亡原因について、離別男性の病気罹患による死亡率が高いことがわかる。とりわけ、糖尿病については、有配偶者とくらべて12倍、肝疾患は9倍も死亡率が高い。

あなたの再婚は記憶力の欠如から？

さて、これまで述べてきたように、ひとり親世帯の男性は家事に悩み、女性は金銭問題に悩んでいる。

とりわけ男性は、離婚すれば幸福度は下がり、抑うつ状態になり、食生活はガタガタ、結果として病気になりやすく、早死にする確率まで上がるという、何とも悲惨な話である。

そこで、男性にとっては家事の担い手を得られるし、女性にとっては貧困・低所得から脱却する道となる再婚を望む人は多いのではないだろうか。フランスの劇作家アルマン・

サラクルーは「判断力の欠如によって結婚し、忍耐力の欠如によって離婚し、記憶力の欠如によって再婚する」と述べた。「もうアンタの顔なんて見たくない」と家族をやめたのに、もう一度結婚するのは、どのようなメリットを感じているためだろうか。お金だろうか、心理的な幸せだろうか、はたまた結婚しているという社会的な信用からだろうか。結婚しなくていい時代に、結婚して離婚して、そして再婚する理由とは何だろうか。

アメリカではすでに活発におこなわれている再婚研究であるが、我が国ではデータの制約が大きいために再婚行動について把握することができていなかったが、再婚行動の研究も進みだした。この再婚という行動はじつに興味深い。もう一度パートナーを得たいのはなぜだろうか。結婚同様に、やはり、再婚も経済的なメリットをもたらすのだろうか。

「結婚は2回目から」

永井暁子「未婚化社会における再婚の増加の意味」(2010年)は、再婚の特徴を五つ挙げている。第一に、女性よりも男性のほうが再婚しやすい。これは、第1回、第2回、第3回全国家族調査を用いたS. Tanakaの論文"Gender gap in equivalent household income after divorce"(2013)でも同様に、女性の再婚率が29〜30%程度であるのに対して、男性は44〜59%と男性の再婚率は女性よりも高いことを示している。第二に、離婚後

4年以内に再婚する人は再婚者のうち63・8％であり、離婚から再婚までの期間について男女差は見られない。第三に、再婚時の平均年齢は、初婚年齢の男女の年齢の違いとほぼ同じである。第四に、男女共通して、20代で離婚した者の再婚割合はひじょうに高い。最後に第五として、離婚時に子どもがいる場合の女性の再婚割合は低い。思春期に差し掛かる子どもがいる場合には再婚が控えられることが見られる（余田「再婚からみるライフコースの変容」、２０１４年）。しかし、男性では子どもの存在は逆――すなわち、子どもがいれば再婚しやすいということである。離死別時に未成年の子どもがいれば、すなわち前妻との子どもを引き取った場合には、家事や育児をともにおこなうパートナーを得るために再婚する確率が高くなるのである（福田亘孝「配偶者との別れと再びの出会い」、２００９年）。離婚の三つのメカニズムのうち、情報の非対称性が離婚の原因ならば、離婚者同士の再婚は初婚者の結婚よりも、良い相手に合う可能性は低くなるだろう。就活市場での学歴と同様にして、離婚経験がシグナルを持ってしまうためである（初婚年齢が上昇したり、未婚化の進む現在でも、一定年齢以上で未婚であることもシグナルを持つ）。

誰でも再婚して幸せであるならば問題ないだろう。なお、再婚することによって男性はストレスを感じなくなり、女性はストレスを感じているという（稲葉「結婚とディストレス」、２００２年）。

しかし、余田翔平「再婚からみるライフコースの変容」（2014年）における分析結果によれば、近年、「離死別者の非再婚化」が進んでいるという。これまで見てきたように、家族を持つ・持たないの選択肢が広がったなかで誰もがその自由を享受できていないように、再婚する・しないにも格差が生じてしまっている。誰の再婚が進んでいないかというと、低学歴の男性である。学歴が低いために、不安定雇用にしか就けず、家族を失い、再婚できないままというわけである。

先ほど、男性にとって結婚はメリットだったと述べたが、さらに言えば、筒井淳也『仕事と家族』（2015年）によって、特に高齢期男性の主観的健康状態の向上にとって再婚が大きな効果を持っていることがわかっている。したがって、男性にとって結婚はメリットがある――もっとも、ここまで未婚化・離婚化した社会であれば「あったのである」の方が適正かもしれない。女性も働くようになって、それとともに家族の意味が変化して、家族という人間のつくり出したすばらしい文化の一つを享受することができなくなってしまった男性群が生まれた。

家族が不平等を拡大する時代

かつて、家族は世の中の不平等を均等化する機能を持っていたのに、産業構造が変化し、それにともない、家族のあり方も変わった結果として、社会的な立場が弱い人が家族による恩恵を受けられず、家族が不平等を拡大する力さえ持ってしまった。

さまざまなことを考慮するに、以前のような「男性稼ぎ手モデル」を実現する社会を望むのは厳しいだろう。それは「性別役割分業」の終焉を意味することだが、男性はそれを悲観することはない。家事など家庭内の責任について再度考えることによって、家族と職業の新しい関係を構築することが可能となる。

男性稼ぎ手モデルに沿った制度や慣行は、いまだ日本の社会保障制度で有利になるように設計されている。しかし、これまで述べた通り、男性に任せっぱなしの「男性稼ぎ手モデル」では、——大げさに言えば——男性の心身の健康を損なう。献身的に夫の心身健康状況を気遣ってくれる女性を妻とすればよいのかもしれないが、仕事がなくなれば妻はいなくなり、家庭もなくなるリスクも高いし、家庭がなくなれば病気になるし、早死にするリスクまで高くなるのだ。お金があれば再婚できる確率も高まるが……記憶も新しいままふたたび忍耐力の欠如で離婚してしまったら……?

我々を取り巻く社会制度が、我々の意識に追いついていない面は否めない。結婚制度にまつわる問題は女性の生き方特有の問題だと思わず、男性の心身の問題でもあるとして取り組むべきではないだろうか。

エピローグ　離婚からみた現代日本

結婚しなくても幸せになれるこの時代

２０１７年の総合結婚情報誌『ゼクシィ』のＣＭは衝撃的だった。「結婚しなくても幸せになれるこの時代に、私は、あなたと結婚したいのです」。仕事に生きがいを感じ、友人、趣味などに囲まれているなら、現在は、結婚しなくても幸せになれる時代だと再認識させられる。愛情を感じて真剣に付き合う相手がいても法律婚（婚姻届を提出し、法的に結婚を認められること）をしないかたちもあるのに、あえて結婚したいとは何なのか。

２０１０年に50歳時未婚率が男性に続いて女性も10％を超えた（男性は２０００年にはすでに超えていた）。50年前、50歳時未婚率は２％程度で「結婚するのは当たり前」と、多くの人が一生に一度は結婚する皆婚時代だった。23歳までは少し早い、24歳の価値が高く、25歳は半額、26歳以降は不要……など、女性を「クリスマスケーキ」と呼んだように、きっちりと結婚適齢期が決まっていた。男性も30歳過ぎての独身は会社で出世できなかったし、結婚しない男は甲斐性がないとみなされた。結婚しなければ、社会的にも経済的にも生きていけない時代だった。結婚は社会的信用ときっちり結びついていて、20代半ばから30代前半などのある程度よい年になっても結婚していないことで後ろ指を指されるほどであった。結婚をしなければ経済的に生活できない女性の存在と同時に、生きている間じゅう働き、妻子を養うことを前提とされた男性の存在があった。

かつては、妻の不貞や子どもができないこと（「嫁して三年子なきは去る」）も、親族や世間から許されなかったが、夫婦二人が納得しているなら離婚にはなりえない。

嫁姑問題も夫婦間の不和になれば離婚問題になりうるが、嫁姑問題単体では離婚に結びつかない。夫婦の婚姻生活あるいは夫婦関係がどうであるかが離婚を決めるのであって、子どもの有無にしろ、嫁姑問題にしろ、それ自体が離婚を決定するわけではない。

「伝統的」とされる家族体制は、明治時代の家父長制に代表されるようにきわめて近代のものであり、江戸時代には多様な家族のあり方があったにもかかわらず、明治以降に作り上げられた家族観に引きずられて、我々の家族観は揺り動かされている。では、結婚する・しない、離婚する・しないも本人が決められる時代……そう言われると、「そうなんだけど、なんか違う」と違和感を覚える人がいるだろう。それがこの離婚問題の核心なのである。

離婚からみた日本社会

本書は離婚についての著書である。「結婚しなくても幸せになれるこの時代」にわざわざ法律婚をし、そしてなぜ離婚をしなければならなかったのか。その原因は夫婦二人の問題だけではないようだ。新古典派経済学においては、行動を選択するのは個人であるという方法論的個人主義が採用されており、その行動の結果、より幸せになると想定されていた。ミクロ単位の個人の行為から社会を想像していたが、現実には、離婚の選択が容易いものになったとしても必ずしも幸せには直結しなかった。

本書では、離婚に関して一昔前の家父長制、あるいは家制度の時代と現代との比較をしたうえで、以下のようなことを理由を添えて示した。

今の日本の離婚率は、国際比較上はとても高い水準にはまだ達してはいない。ごく最近はやや減少を示しているが、長期的には上昇の傾向にある。

さらに、年齢別にみると若者の離婚率が高いし、離婚を言い出すのは女性からの方が多かったのである。一方で離婚後は女性の方が貧困に陥る可能性が高い。とはいえ、男性は家事と子育てに悩むので、男性の方が再婚願望は強い。結婚は女性がこだわるトピックだと思われがちであるが、男性の方が結婚によって心理的にも物理的にもメリットを得ていた。かつては女性の就労も一般的でなく、また仮に働いたとしてもその収入は少なかったので、離婚という選択は難しかったが、以前よりも女性が経済的に自立しやすくなった現在、専業主婦も働いて離婚に向けて備える。

しかし、夫婦のあいだに子どもがいて離婚する場合、ひとり親世帯になれば貧困になる傾向が見られる。これについて、筆者らは、当事者固有の問題によるものではなく、我が国の労働市場の問題が「非正規労働者」「子持ち」「一人稼ぎ手」の共通部分に集約されていると主張する。もっとも、離婚したからといって、親であることには変わりないにもかかわらず、養育費がひとり親の手に渡ることはほとんどない。それは、離婚が社会のなかでランダムに生じているからではなく、貧しい層に起きているために養育費が払えない現状がある――。

結婚をしたい人は減っていない

このように、我々は離婚という切り口から現在の日本社会を見つめた。なぜそんな切り口をとったのか、エピローグで簡潔にお話しするにあたって、離婚の前提として、結婚、なかでも夫婦の所得と結婚との関係、貧困と家族との関係について確認しよう。「結婚しなくても幸せになれる時代」の未婚率が、年々高くなっているためである。これについて

「結婚したくない」のか「結婚できない」のか、どちらだという議論は未だに盛んである。

結婚について、経済学では長らく、女性が高学歴になり働くようになれば、すなわち経済的に独立すれば、結婚・出産・育児で失う機会費用がとても大きいので結婚を選択しなくなるだろうと考えてきた。それは本書で何度も出てきたBeckerの論文が基となっている。この「女性の自立仮説」は、1990年代に絶大に信じられていた。

ところが、国立社会保障・人口問題研究所が2015年におこなった「第15回出生動向基本調査」において「自分の一生を通じて考えた場合、あなたの結婚に対するお考えは、次のうちのどちらですか」という質問において、この30年間、結婚をして家族を持ちたいという人はほとんど減っていない。

一方で、年々未婚率は上昇していることを考えれば、望んでも結婚できていないと言えるだろう。結婚したくないのか結婚できないのかという需要と供給の問題として「異性と知り合う機会が少ない」という声は少なくないし、一昔前の「おせっかいなおばさん」を代表とするような、見合いの媒介をする人も減少している。周囲からの「結婚しろ」というプレッシャーはまだあれど、かつてよりは弱まっているので、「結婚したいと言いつつ、ほんとうのところは自由な生活が楽しくて結婚なんてしたくないんじゃない?」という意見もある程度説得力を持っているかのように見える。

結婚した方がより幸せになれる時代？

なぜ結婚したいと思っていても結婚しないのか、未婚率が上昇しているのかについて、我々の前著『夫婦格差社会』では、その理由を男性の低所得化に求め、「妻の所得が格差拡大の要因だ」と謳った。いわば我々のこの取り組みは、結婚に際して、カップルをパチリとスナップショットし、その写真をしげしげと見つめたものであった。誰が結婚して誰が結婚しない／できなくて、誰が結婚によって経済的に豊かになり、結婚しても豊かでないのは誰なのか――。これは本書において、離婚に焦点を当てた理由を紐解く鍵になるので、ここで少しだけそのおさらいをしよう。

かつては高所得の男性を夫にもつ妻は働かなかった。しかし現在では、働く妻の所得によって世帯間の所得格差が広がっている。ましてや、その夫婦どちらもが高い学歴や稼得能力を持っていたらなおさらのことである。我々はそういう夫婦をパワーカップルと名づけた。

一方で、内閣府「結婚・家族形成に関する調査」（２０１１年）において、当時30代の年収３００万円未満男性では、既婚者は９・３％、交際経験がない者は33・６％にものぼった。年収が３００万円以上４００万円未満になれば、既婚者の比率も26・５％まで上昇し、交際経験がない者の比率は20％を下回る。男性が直面している「年収三〇〇万円の壁」は、異性に好意を持たれることさえ阻む。

さらに、OECD Income Distribution Databaseでみた貧困率を紹介したい。OECD平均では、一人以上の子どもがいる共働き世帯の貧困率は4・2％と低い。ところが、日本ではそれが11・4％に跳ね上がる。それに対して、夫婦を含めて二人以上の世帯において、片方の親が働いている場合に限って、我が国の貧困率はOECD平均より下回っている。我が国の税制も社会保障制度も、「夫は仕事、妻は家庭」――これを専門用語で、「男性稼ぎ手モデル」と呼ぶ――を、共働き世帯とくらべて優遇していると言えないだろうか。

今はたしかに「結婚しなくても幸せになれる時代」だけれども、結婚をすれば社会的な信用がついてくるし、紹介したような税制の他、社会保障制度なども優遇してくれる。このように見れば、「結婚しなくても幸せになれるこの時代だけど、結婚したほうが、社会的にも経済的にもより幸せになれる時代」だと思われているのかもしれない。

家族主義という刃

我が国において同棲や婚外子は欧米圏と比較してそう多くないことをあわせて考えると、法律による結婚は社会制度としてひじょうに堅固なものである。

では、「結婚しなくても幸せになれるこの時代だけど、結婚したほうが、社会的にも経済的にもより幸せになれる時代」に形成された家族は、どのようにこの時代を乗り切るのか。経済の見通しがあまり良くないなか、経済力に問題のないひとと結婚したい、そうでなければ結婚したくない……ということだろうか。

しかし、「なにかあったときには家族が助けてくれる」という家族主義は、「家族になにかあったときには自分が助けなければならない」という刃に変わる。家族に責任が降りかかる。経済状況が悪化するなかで、「家族の関係は社会的資源からリスクに変貌する」（落合「近代世界の転換と家族変動の論理」２０１３年）と家族社会学が専門である落合は言う。

そのような個人の背負うリスクが増える状況では、より厳しく結婚相手を見極めるだろう。交際期間が長くなるのも、お見合い・紹介結婚の再興も頷ける。経済成長率が高く、景気の良い時代であれば失業してもすぐ仕事が見つかる可能性が高く、リスクもたいしたことはないが、今のような先行き不透明な時代では可能なかぎりリスクを避けたい。すると、「何も起こりそうにない」人を選ぼうとするのではないか。かつて景気の良い頃には、女性からは高学歴・高所得・高身長の3高が結婚する男性に望まれた条件だったが、今は3低（低姿勢・低依存・低リスク）とさえ言われる。事故や失業とは無縁で、心身の疾病にもなりそうにないといえる人など、どこにいようかと思うが、そもそもランダムに起こるはずのリスクさえも社会階層に紐付いていれば話は違う。離婚する自由がない時代とは異なって、男性でも、家事・育児など家庭に協力的でなければ離婚リスクが発生する。

第8章末で述べたように、献身的に夫の心身健康状況を気遣ってくれる女性を妻とすればよいのかもしれないが、仕事がなくなれば、家庭もなくなるリスクも高いし、家庭がなくなれば病気になるし、早死にするリスクまで高くなるのだ。家事と育児に熱心でなく、働くことだけに生きがいを見つける女性には、結婚相手としての魅力を感じない男性もいるかもしれない。この課題を打破するためには男性全体が家事・育児にもっと関与するように変わらねばならない。

不運だったからこそ補償されていたものが、遺伝学の進歩や「あいつは好きなだけ酒を飲み、肉ばっかり食べて、タバコも吸っている」などのモラル監視により、本人の責任か生来のものかなど判別できるようになってしまえば現行の社会保障制度は機能しない。

さらに言えば、個々人レベルにおける最適な婚姻選択の結果、家計所得の二極化が起こったからといって、誰と結婚するかという問題には政府も誰も踏み込めない。そこでおこなわなければならないのは、我が国の家族のかたちについて精緻に見ることである。

離婚と階層

さて、我々の前著の試みは「スナップショット」だったと述べた。今回離婚を取り上げた我々の試みは、端的に言えば「結婚によって拡大した格差が、離婚によってさらに広がっているか」、結婚した夫婦について「ムービー」をとって夫婦の振る舞いや機微をじっと見つめたものであった。結婚してパワーカップルとウィークカップルが存在したとしても、どちらのカップルも等しく別れてしまうのであれば「結婚ってやっぱり相性が大事なのね」と不運の結果だと考えられただろう。誰も他人の離婚に育ちや経済力・金銭感覚の差を考えないだろう。階層的要因を持つからこそ、離婚が相性だけの問題ではないと思われるようになった。

仮に階層的要因があったとしても、夫妻それぞれ600万円ずつ稼ぐようなパワーカップルはすぐ離婚してしまって、もとの一人600万円の生活に戻り、夫妻それぞれ300万円ずつのウィークカップルが力を合わせて600万円の生活をずっと続けているかもしれないと思われていた。

プロローグでも説明したが、かつてのような「ダグラス＝有沢の第二法則」が有効で低所得階層の夫婦ほど共働きで、高所得階層になるほど専業主婦が多くなる時代であれば、離婚すれば妻に経済的なデメリットが大きく生じるので離婚を避ける。しかし、現在は、

「ダグラス＝有沢の第二法則」の一部は崩れてしまい、夫の所得別に見た妻の有業率は今や低所得階層よりも高所得階層のほうが高い。パワーカップルは離婚しても生活に困らないのだから、嫌になったら離婚するだろうと思われ、ウィークカップルは離婚を思いとどまるだろうと思われていた。結婚が成立することによって開いた格差は離婚によって平準化されたかもしれないが……現実はそうでなかったのである。

広がりゆく格差

さて、先ほども述べたように、20年程度のブランクをおいて我が国も欧米諸国と同じような人口動態・家族規範になるのだろうと予測していた。欧米の人口動態・家族規範について説明するために、ここではヨーロッパから誕生した人口学的な考えをご紹介する。

高出生率・高死亡率均衡から低出生率・低死亡率均衡の社会（第一次人口転換）を経て、1960年代から北西ヨーロッパを発端として「第二次人口転換」へ――すなわち、さらに出生率が低下し、人口が増加も減少もしない水準を割り込んだ。これと時を同じくして、離婚率の上昇、同棲の増加、婚外子の割合も上昇した。これまで階級、社会的立場や家族などの伝統的な共同体を通してあらゆることが決まっていたが、個人が社会の最小単位となった現象を、「制度化された個人化」と呼んでいる。配偶者、職業などあらゆる選択が個人レベルでおこなわれるようになる。このような転換について、高学歴層に焦点を当て、高学歴者など先進的な考えを持つ人びとが「第二次人口転換」を牽引してきたと考えられてきた。例えば、ドイツでは男女ともに高学歴であるほど無子割合が高まっているといった具合である。

この第二次人口転換を受けて、人口学者のSora McLanahanは、「経済的な資源が豊かな女性には子どもにとって良い影響を与える傾向（結婚年齢や出産年齢の上昇・母親の就業）があり、経済的な資源が乏しい女性には子どもにとって悪い影響を与える傾向（離婚・未婚の出産）がある」と考えるDiverging destinies（「子どもの運命に大きく差がつく」や「（家族形成を通じた）広がりゆく格差」と邦訳されている）を提唱した。家族（脱）形成行動が、それぞれの人びとがどのような価値観を持っているかの合わせ鏡と考えれば、この価値観がどこか一点に収斂するのではなくバラバラの価値観になり、家族形態が多様化していくということである。

ちなみに、オーストリア、オランダ、リトアニア、アメリカでは、高学歴女性は離婚しにくく、ギリシャ、イタリア、ポーランドでは逆の結果が得られている。他の10ヵ国（エストニア、フランス、ドイツ、ハンガリー、ラトビア、ノルウェー、スペイン、スウェーデン、スイス、フィンランド）では有意な結果が得られていない。端的に言えば、まだこの分野に関しては研究の途中なのである。ただ、これまで見てきたように格差と家族は連動していることを踏まえれば、Diverging destinies が欧米諸国でさらに深刻化する可能性の高いものであることはいえる。

個人主義なき個人化

さて、我が国はどちらにあてはまるか考えよう。第8章で述べたとおり、我が国は1990年代より経済成長の雲行きが怪しくなった。これと因果関係は別として、女性が外で働く機運が高まり、そのように法整備も進められた。ちょうど欧米で第二次人口転換の行く末が見守られていたのと時を同じくしていたために、日本の行く末が見守られていた。「結婚しなくても幸せになれる時代」は女性の経済的・社会的自立が実現するのだと期待されていた。実際に、就業率の上昇、未・離婚率の上昇などは個人の積極的な選択の結果であり、「女性の自立仮説」の実現であり、「脱家族化」の指標だと思われた。

しかし、実際には、すでに上述のように、結婚したいという人の比率は変わっておらず、未婚ひとり親世帯も増加しているものの国際的に見ればまだまだ少なく（それはひとり親世帯になれば苦労することが予見されるためであろう）、婚外子も少ない。「できちゃった」ときには結婚・家族の話が浮上してくる。その他、育児、介護……なにかあれば家族の問題になる。すなわち、同棲・婚外子・離婚をはじめとして家族の多様性のあるヨーロッパでの個人化、「制度化された個人化」とは異なって多様性がないのが、我々が直面している問題であり、「個人主義なき個人化」と呼ばれている。さらに言えば、第8章でも述べたように、我が国において低学歴・低所得など恵まれない人びとのあいだに離婚が起きやすいという特徴は、どんどんと強まっている傾向にあることが明らかになってきた。

離婚とジェンダー意識

家族・ジェンダーの意識についてみたとき、離婚経験がある人ほど保守的な意識を持っていないことが示唆される結果が出ている（釜野さおり「1990年代以降の結婚・家族・ジェンダーに関する女性の意識の変遷」2013年）。なお、学歴と意識の問題については、我が国ではっきりとした結果が得られていない。というのも、学歴によって価値観がきっちり異なるということはまだ生じていないためである。その一つの証拠として、日本において女性に関しては、大卒女性の専業主婦志向は欧米とくらべても高い。

高学歴の夫婦はおしなべて離婚しないかといえばそうではない。ヨーロッパ25ヵ国での分析でも、ジェンダー規範に関して伝統的な意識を持っていれば夫婦生命は終わりやすく、ジェンダー平等主義的だと——男性の家事・育児分担などのみならず女性にも当てはまる――離婚しにくいので、我が国はどうかなど、さらなる研究が必要である。

「ところで、なぜ米国では、親の雇用が不安定で、パートナーシップ関係が不安定でも、易々と子どもが生まれるのだろう」と永瀬（２０１４年）は述べ、子どもを持つ喜びを楽しみの一つとしているためではないかと語っている。それについて、筆者らは社会移動の違いが影響しているのではないだろうか、と考える。アメリカでは世代間の職業における社会移動が高いと言われている。厳密に言えば、アメリカの人びとは世代間の移動可能性について楽観的で、実際の移動可能性に鑑みると過度に楽観的であったことと、ヨーロッパにくらべれば貧しい家族政策であることを合わせて考えれば、ほんとうはそんなに楽観的であってはならないかもしれないのに。なぜ楽観的なのかについてはさまざまな背景が考えられるものの、我が国では、少なくとも欧米のように楽観的に子どもを産む事態にはなっていないように見受けられる。

家族主義的個人化のつらさ

我が国では、介護・子育てをはじめとして、家族内で生じた問題は家族で対応するような傾向が強い。とりわけ、格差と家族とその政策について精緻に見なければ、家族という共同体の首を絞め、介護疲れ・育児疲れから生じる問題も加速するかもしれない。本来は他の共同体や市場で解決できたはずの問題を家族で解決しなければならない。出産・子育てのために離職する割合も高く、また近年では介護離職の現象も見られる。家族に対する義務と責任が強調された結果、生じている個人化は「家族主義的個人化」とも呼ばれている。これらの潮流から学ぶべきことは「家族は大事だ。しかし、家族の絆を強く押し出した政策は自分を苦しめる」。離婚、同棲、婚外子などは標準的でも伝統的でもないと判断し、「普通」の暮らしをする。この「普通」になんとか自分を押し込めないとならないときに、不倫などで憂さ晴らしをするのではないか。家族を見つめることは、その人の価値観と生き方を見つめることに等しい。

景気がよく、「普通」の暮らしをしつづけることができるのであれば構わないが、我が国では格差が拡大しているだけでなく貧困化さえしているというなか、「普通」を追い求める風潮はあまりにつらい。我々による『夫婦格差社会』では、男性の所得低下と女性の活躍について述べ、格差拡大の鍵は女性にあると主張した。それから7年経つ現在、雇用の硬直性は見直されるようになったが、働き方の柔軟性を支える仕組みはない。労働市場と結婚市場は連動しているのに、「一億総活躍社会プラン」を実現するには景気が不安定で、終身雇用が約束できない現在、家族をつくって妻に頼れという意図が透けて見える。日本では差別のない女性の働きやすい社会、子育て支援策は未だかなり不充分である。現在、家族を守る政策が進められようとしているものの、選択的夫婦別姓、同性パートナーシップ制度などその家族の多様化はなく、「(法律的な)結婚」以外のかたちやありかたは想定されていない。

仮に、労働市場政策や所得再分配政策も無視して、現実と乖離した家族政策を講じれば、働き方や収入などの社会経済的な背景は「人となり」という凶暴な要因をともなって、結婚しない・できないし、離婚しない・できない窮屈な世の中になっていくだろう。

参考文献

赤松良子（2003）『均等法をつくる』勁草書房

阿部彩（2008）『子どもの貧困――日本の不公平を考える』岩波新書

阿部彩（2010）「日本の貧困の動向と社会経済階層による健康格差の状況」内閣府男女共同参画会議監視・影響評価専門委員会『生活困難を抱える男女に関する検討会報告書――就業構造基本調査・国民生活基礎調査 特別集計』最終報告書、内閣府、37–55, 113–178.

荒川和久（2018）「なぜ『離婚男性』の病気死亡率が高いのか 糖尿病で妻帯者の12倍、死別者よりも高水準」https://toyokeizai.net/articles/-/206540?page=2（最終閲覧日：２０１８年7月31日）

五十嵐彰（2018）「誰が『不倫』をするのか」『家族社会学研究』30(2), 185–196.

石井加代子・浦川邦夫（2014）「生活時間を考慮した貧困分析」『三田商学研究』慶應義塾大学出版会、57(4), 97–121.

石井加代子・樋口美雄（2015）「非正規雇用の増加と所得格差：個人と世帯の視点から――国際比較に見る日本の特徴」『三田商学研究』58(3).

石井加代子・山田篤裕（2007）「貧困の動態分析――ＫＨＰＳに基づく3年間の動態およびその国際比較」樋口美雄・瀬古美喜・慶應義塾大学経商連携21世紀ＣＯＥ編『日本の家計行動のダイナミズムⅢ』慶應義塾大学出版会、101–129.

稲葉昭英（2002）「結婚とディストレス」『社会学評論』53(2), 69–84.

岩崎健二（2008）「長時間労働と健康問題――研究の到達点と今後の課題」（特集 長時間労働）『日本労働研究雑誌』50(6), 39–48.

打越さく良（2016）『なぜ妻は突然、離婚を切り出すのか』祥伝社新書

内田貴（2004）『民法Ⅳ――親族・相続　補訂版』東京大学出版会

大石亜希子（2012）「離別男性の生活実態と養育費」西村周三監修、国立社会保障・人口問題研究所編『日本社会の生活不安――自助・共助・公助の新たなかたち』慶應義塾大学出版会、221–246.

大沢真理（2015）「日本の社会政策は就業や育児を罰している」『家族社会学研究』27(1), 24–35.

太田聰一・橘木俊詔（2012）『労働経済学入門　新版』有斐閣

太田武男（1956）『離婚原因の研究――判例の変遷を中心として』有斐閣

大塚正之（2018）「不貞行為慰謝料に関する裁判例の分析（４）」『家庭の法と裁判＝Family court journal』14, 39–49.

大友優子・鈴木勉（2014）「母子世帯の母親の労働時間が母子に与える影響に関する研究」日本社会福祉学会第62回秋季大会ポスター発表配布資料

大間知篤三（1975）『大間知篤三著作集　第一巻　家の伝承』未来社

落合恵美子編著（2006）『徳川日本のライフコース――歴史人口学との対話』ミネルヴァ書房

落合恵美子（2013）「近代世界の転換と家族変動の論理――アジアとヨーロッパ」『社会学評論』64(4), 533–552.

落合恵美子・阿部彩・埋橋孝文・田宮遊子・四方理人（2010）「日本におけるケア・ダイアモンドの再編成――介護保険は『家族主義』を変えたか」『海外社会保障研究』170, 4–19.

笠井高人・川口章（2017）「均等化からワーク・ライフ・バランスへ――男女雇用機会均等法から30年を振り返って」（特集　女性が活躍する交通の現場――交通を支える人々（２）日本の女性労働の現状と政策）『運輸と経済』77(5), 56–63.

加藤彰彦（2005）「離婚の要因――家族構造・社会階層・経済成長」熊谷苑子・大久保孝治編『コーホート比較による戦後日本の家族変動の研究』日本家族社会学会全国家族調査委員会、77–90.

加藤彰彦（2008）「離婚と家族構造の地域性」国立社会保障・人口問題研究所『少子化の要因としての離婚・再婚の動向、背景および見通しに関する人口学的研究』第2報告書
加藤彰彦（2011）「未婚化を推し進めてきた2つの力――経済成長の低下と個人主義のイデオロギー」『人口問題研究』67(2), 3–39.
釜野さおり（2013）「1990年代以降の結婚・家族・ジェンダーに関する女性の意識の変遷――何が変わって何が変わらないのか」『人口問題研究』69(1), 3–41.
川口章（2005）「結婚と出産は男女の賃金にどのような影響を及ぼしているのか」『日本労働研究雑誌』47(1), 42–55.
カワチ・イチロー（2013）『命の格差は止められるか』小学館新書
神原文子（2010）『子づれシングル――ひとり親家族の自立と社会的支援』明石書店
神原文子（2014）『子づれシングルと子どもたち――ひとり親家族で育つ子どもたちの生活実態』明石書店
葛西リサ（2017）『母子世帯の居住貧困』日本経済評論社
葛西リサ・塩崎賢明・堀田祐三子（2005）「母子世帯の住宅確保の実態と問題に関する研究」『日本建築学会計画系論文集』588, 147–152.
葛西リサ・塩崎賢明・堀田祐三子（2006）「母子世帯の居住実態に関する基礎的研究――住宅所有関係の経年的変化とその要因」『日本建築学会計画系論文集』599, 127–134.
玄田有史・斎藤珠里（2007）『仕事とセックスのあいだ』朝日新書
厚生省大臣官房統計情報部（1997）「平成9年人口動態社会経済面調査――離婚家庭の子ども」
厚生労働省（2008）「第4回男女の生活と意識に関する調査」
厚生労働省（2016）平成28年度「全国ひとり親世帯等調査」（旧：全国母子世帯等調査）
国立社会保障・人口問題研究所『人口統計資料集』
国立社会保障・人口問題研究所（2015）「第15回出生動向基本調査」

小島宏（2012）「日仏両国におけるカップル形成・出生行動とその関連要因」井上たか子編『フランス女性はなぜ結婚しないで子どもを産むのか』勁草書房、第2章、29–57.
小林美希（2016）『夫に死んでほしい妻たち』朝日新書
坂口尚文（2006）「結婚、離婚に伴う女性の所得、支出変化」『ＥＳＰ』408, 44–49.
相模ゴム工業株式会社「ニッポンのセックス」https://www.sagami-gomu.co.jp/project/nipponnosex/（最終閲覧日：２０１８年7月20日）
清水浩昭（1986）『人口と家族の社会学』犀書房
下夷美幸（2011）「養育費問題からみた日本の家族政策――国際比較の視点から」『比較家族史研究』25, 81–104.
周燕飛（2008）『母子家庭の母への就業支援に関する研究』「労働政策研究報告書」No.101、第1章第2節、26–38.
周燕飛（2012）「離婚と養育費――離別父親に支払い能力がどこまであるのか」『季刊　個人金融』２０１２年夏号、1–11.
周燕飛（2014）『母子世帯のワーク・ライフと経済的自立』労働政策研究・研修機構
武井正臣（1971）「西南日本型家族における相続と扶養」潮見俊隆・渡辺洋三編『法社会学の現代的課題』岩波書店
橘木俊詔（1998）『日本の経済格差――所得と資産から考える』岩波新書
橘木俊詔（2015）『日本人と経済――労働・生活の視点から』東洋経済新報社
橘木俊詔（2016a）『老老格差』青土社
橘木俊詔（2016b）『21世紀日本の格差』岩波書店
橘木俊詔（2017）『子ども格差の経済学――「塾、習い事」に行ける子・行けない子』東洋経済新報社
橘木俊詔（2018）『男性という孤独な存在――なぜ独身が増加し、父親は無力化したのか』ＰＨＰ新書

橘木俊詔（2019）『日本の経済学史』法律文化社
橘木俊詔・木村匡子（2008）『家族の経済学――お金と絆のせめぎあい』NTT出版
橘木俊詔・迫田さやか（2013）『夫婦格差社会――二極化する結婚のかたち』中公新書
張思銘（2017）「日本における母子世帯の就業支援と生活保障――無職期間を中心に」『北海道大学大学院教育学研究院紀要』129, 51–66.
筒井淳也（2015）『仕事と家族――日本はなぜ働きづらく、産みにくいのか』中公新書
筒井義郎・大竹文雄・池田新介（2009）「なぜあなたは不幸なのか」『大阪大学経済学』58(4), 20–57.
デイヴィス、N著、中村浩志・永山淳子訳（2016）『カッコウの托卵――進化論的だましのテクニック』地人書館
独立行政法人労働政策研究・研修機構（2016）「第4回子育て世帯全国調査」
トッド、E著、荻野文隆訳（2008）『世界の多様性――家族構造と近代性』藤原書店
内閣府（2011）「結婚・家族形成に関する調査」
内閣府（2017）『平成29年版 少子化社会対策白書』
永井暁子（2010）「未婚化社会における再婚の増加の意味」佐藤博樹・永井暁子・三輪哲編『結婚の壁――非婚・晩婚の構造』勁草書房
中澤渉（2010）「男女間のメンタルヘルスの変動要因の違いに関する分析」東京大学社会科学研究所パネル調査プロジェクトディスカッションペーパーシリーズ、No. 31.
永瀬伸子（2003）「母子世帯の母のキャリア形成、その可能性――『就業構造基本調査平成9年』を中心に」日本労働研究機構『母子世帯の母への就業支援に関する研究』日本労働研究機構調査研究報告書、156, 239–289.
永瀬伸子（2014）「フィールド・アイ　米国から②米国の低学歴層とシングルペアレント家庭」『日本労働研究雑誌』56(12), 136–137.

日本性教育協会編『青少年の性行動全国調査』
日本労働研究機構（2003）『母子世帯の母への就業支援に関する研究』日本労働研究機構
野々山久也（1985）『離婚の社会学――アメリカ家族社会学研究を軸として』日本評論社
長谷川真理子（1993）『オスとメス＝性の不思議』講談社現代新書
林雄亮・余田翔平（2014）「離婚行動と社会階層との関係に関する実証的研究」『季刊家計経済研究』No.101, 51–62.
姫岡とし子（2008）『ヨーロッパの家族史』山川出版社
福田節也（2005）「離婚の要因分析」家計経済研究所『リスクと家計――消費生活に関するパネル調査（第12年度）』国立印刷局、49–63.
福田亘孝（2009）「配偶者との別れと再びの出会い――離別と死別、再婚」藤見純子・西野理子編『現代日本人の家族――ＮＦＲＪからみたその姿』有斐閣、72–84.
ベイカー、ロビン著、秋川百合訳（2009）『精子戦争――性行動の謎を解く』河出書房新社
本庄かおり・神林博史（2015）「ジェンダーと健康」川上憲人・橋本英樹・近藤尚己編『社会と健康――健康格差解消に向けた統合科学的アプローチ』東京大学出版会、95–113.
宮坂順子（2015）「離婚における養育費の現状と問題点――簡易算定方式の検討」『昭和女子大学女性文化研究所紀要』42, 47–59.
三輪哲（2006）「離婚と社会階層の関連にかんする試論的考察」朝井友紀子ほか『共働社会の到来とそれをめぐる葛藤――夫婦関係』東京大学社会科学研究所、128–136.
村上あかね（2009）「離婚によって女性の生活はどう変化するか？」『季刊家計経済研究』84, 36–45.
村上あかね（2011）「離婚による女性の社会経済的状況の変化――『消費生活に関するパネル調査』への固定効果モデル・変量効果モデルの適用」『社会学評論』62(3), 319–335.
山口一男（2007）「夫婦関係満足度とワーク・ライフ・バランス」『季刊家計経済研究』73, 50–60.

湯沢雍彦（2005）『明治の結婚 明治の離婚――家庭内ジェンダーの原点』角川選書

湯沢雍彦（2008）『大正期の家庭生活』クレス出版

湯沢雍彦（2010）『大正期の家族問題――自由と抑圧に生きた人びと』ミネルヴァ書房

湯沢雍彦（2011）『昭和前期の家族問題 １９２６〜４５年、格差・病・戦争と闘った人びと』ミネルヴァ書房

湯沢雍彦・中原順子・奥田都子・佐藤裕紀子（2006）『百年前の家庭生活』クレス出版

余田翔平（2014）「再婚からみるライフコースの変容」『家族社会学研究』26(2), 139–150.

労働政策研究・研修機構（2012）『シングルマザーの就業と経済的自立』「労働政策研究報告書」No.140.

労働政策研究・研修機構（2017）「子どものいる世帯の生活状況および保護者の就業に関する調査」No.175.

労働政策研究・研修機構（2017）『子育て世帯のディストレス』「労働政策研究報告書」No.189.

Amato, P. R., & Booth, A. (1995). Changes in gender role attitudes and perceived marital quality. *American Sociological Review*, 60(1), 58–66.

Amato, P. R. (2000). The consequences of divorce for adults and children. *Journal of Marriage and Family*, 62(4), 1269–1287.

Amato, P. R. (2010). Research on divorce: Continuing trends and new developments. *Journal of Marriage and Family*, 72(3), 650–666.

Andreß, Hans-Jürgen, Barbara Borgloh, Miriam Bröckel, Marco Gießelmann, & Dina Hummelsheim (2009). “The Economic Consequences of Partnership Dissolution: A Comparative Analysis of Panel Studies from Belgium, Germany, Great Britain, Italy and Sweden”, Andreß, Hans-Jürgen, & Dina Hummelsheim (eds.), *When Marriage Ends: Economic and Social Consequences of Partnership Dissolution*. Cheltenham: Edward Elgar, 286–329.

Aron, A., Fisher, H. E., & Tsapelas, I. (2010). Infidelity: when, where, why. In *The dark side of close relationships II*, 175–196, New York: Routledge.

Becker, G. S., Landes, E. M., & Michael, R. T. (1977). An economic analysis of marital instability. *Journal of Political Economy*, 85(6), 1141–1187.

Becker, G. S. (1981). *A Treatise on the Family*. Cambridge: Harvard University Press.

Bertrand, M., Kamenica, E., & Pan, J. (2015). Gender identity and relative income within households. *The Quarterly Journal of Economics*, 130(2), 571–614.

Blossfeld, H. -P., & Drobnic, S. (eds.) (2001). *Careers of couples in contemporary society: From male breadwinner to dual-earner families*. Oxford: Oxford University Press.

Brickman, P., Coates, D., & Janoff-Bulman, R. (1978). Lottery winners and accident victims: Is happiness relative? *Journal of personality and social psychology*, 36(8), 917–927.

Brown, J. B., & Lichter, D. T. (2004). Poverty, Welfare, and the Livelihood Strategies of Nonmetropolitan Single Mothers. *Rural Sociology*, 69(2), 282–301.

Buss, D. M., Larsen, R. J., Westen, D., & Semmelroth, J. (1992). Sex differences in jealousy: Evolution, physiology, and psychology. *Psychological Science*, 3(4), 251–255.

Buss, D. M., & Shackelford, T. K. (1997). From vigilance to violence: mate retention tactics in married couples. *Journal of personality and social psychology*, 72(2), 346–361.

Buss, D. M. (2000). *The dangerous passion: Why jealousy is as necessary as love and sex*. New York: Free Press.

Buunk, B. P., Angleitner, A., Oubaid, V., & Buss, D. M. (1996). Sex differences in jealousy in evolutionary and cultural perspective: Tests from the Netherlands, Germany, and the United States. *Psychological Science*, 7(6), 359–363.

Conger, R. D., Elder Jr., G. H., Lorenz, F. O., Conger, K. J., Simons, R. L., Whitbeck, L. B., Huck, S., & Melby, J. N. (1990). Linking economic hardship to marital quality and instability. *Journal of Marriage and Family*,

52(3), 643–656.

Cox, D. (2008). The evolutionary biology and economics of sexual behavior and infidelity. Very Preliminary Draft, Department of Economics, Boston College.

Deaton, A. (2008). Income, health, and well-being around the world: Evidence from the Gallup World Poll. *Journal of Economic Perspectives*, 22(2), 53–72.

Dechter, A. R. (1992). The effect of women's economic independence on union dissolution. CDE Working Paper No. 92–28.

Diener, E. (2000). Subjective well-being: The science of happiness and a proposal for a national index. *American Psychologist*, 55(1), 34–43.

Elmslie, B., & Tebaldi, E. (2008). So, what did you do last night? The economics of infidelity. *Kyklos*, 61(3), 391–410.

Fair, R. C. (1978). A theory of extramarital affairs. *The Journal of Political Economy*, 86(1), 45–61.

Frey, B. S., & Stutzer, A. (2002). What can economists learn from happiness research? *Journal of Economic Literature*, 40(2), 402–435.

Frey, B. S. (2008). *Happiness: A revolution in economics*. Cambridge: MIT Press.

Greenstein, T. N. (1990). Marital disruption and the employment of married women. *Journal of Marriage and Family*, 52(3), 657–676.

Haider, S. J., & McGarry, K. (2006). Recent Trends in resource Sharing among the Poor. In *Working and Poor: How Economic and Policy Changes Are Affecting Low-Wage Workers* (eds., Rebecca Blank, Sheldon Danziger, Jonathan Gruber, and Robert Schoeni), Russell Sage Press.

Heckert, D. A., Nowak, T. C., & Snyder, K. A. (1998). The impact of husbands' and wives' relative earnings on marital disruption. *Journal of Marriage and Family*, 60(3), 690–703.

Hewitt, B., Western, M., & Baxter, J. (2006). Who decides? The social characteristics of who initiates marital separation. *Journal of Marriage and Family*, 68(5), 1165–1177.

Hochschild, A., & Machung, A. (1989). *The second shift: Working parents and the revolution at home*. New York: Viking.

Hoffman, S. D. (1977). Marital instability and the economic status of women. *Demography*, 14(1), 67–76.

Hoffman, S. D., & Duncan, G. J. (1988). What are the economic consequences of divorce? *Demography*, 25(4), 641–645.

Holmes, T. H., & Rahe, R. H. (1967). The social readjustment rating scale. *Journal of Psychosomatic Research*, 11(2), 213–218.

Ikeda, A., Iso, H., Toyoshima, H., Fujino, Y., Mizoue, T., Yoshimura, T., ... & Tamakoshi, A. (2007). Marital status and mortality among Japanese men and women: The Japan Collaborative Cohort Study. *BMC public health*, 7(1), 73.

Kinsey, A. C., Pomeroy, W. B., & Martin, C. E. (1948). *Sexual behavior in the human male*.

Kinsey, A. C., Pomeroy, W. B., & Martin, C. E. (1953). *Sexual behavior in the human male*.

Kitson, G. C. (1992). *Portrait of divorce: Adjustment to marital breakdown*. New York : Guilford Press.

Lewinsohn, P. M., Rohde, P., Klein, D. N., & Seeley, J. R. (1999). Natural course of adolescent major depressive disorder: I. Continuity into young adulthood. *Journal of the American Academy of Child & Adolescent Psychiatry*, 38(1), 56–63.

Lyubomirsky, S., Tkach, C., & DiMatteo, M. R. (2006). What are the differences between happiness and self-esteem? *Social Indicators Research*, 78(3), 363–404.

McLanahan, S. (2004). Diverging destinies: How children are faring under the second demographic transition. *Demography*, 41(4), 607–627.

Moon, M. (2011). The effects of divorce on children: Married and divorced parents' perspectives. *Journal of Divorce & Remarriage*, 52(5), 344–349.

Munsch, C. L. (2015). Her Support, His Support: Money, Masculinity, and Marital Infidelity. *American Sociological Review*, 80(3), 469–495.

Nock, S. L. (1995). A comparison of marriages and cohabiting relationships. *Journal of Family Issues*, 16(1), 53–76.

Ono, H. (1998). Husbands' and wives' resources and marital dissolution. *Journal of Marriage and Family*, 60(3), 674–689.

Peterson, R. R. (1996). A re-evaluation of the economic consequences of divorce. *American Sociological Review*, 61(3), 528–536.

Potter, J. (2011). Reexamining the economics of marital infidelity. *Economics Bulletin*, 31(1), 41–52.

Previti, D., & Amato, P. R. (2004). Is infidelity a cause or a consequence of poor marital quality? *Journal of Social and Personal Relationships*, 21(2), 217–230.

Raymo, J. M., Iwasawa, M., & Bumpass, L. (2004). Marital dissolution in Japan: Recent trends and patterns. *Demographic Research*, 11(14), 395–420.

Rogers, S. J. (2004). Dollars, Dependency, and Divorce: Four perspectives on the role of wives' income. *Journal of Marriage and Family*, 66(1), 59–74.

Ross, C. E., Mirowsky, J., & Goldsteen, K. (1990). The impact of the family on health: The decade in review. *Journal of Marriage and Family*, 52(4), 1059–1078.

Ruggles, S. (1997). The Rise of Divorce and Separation in the United States, 1880-1990. *Demography*, 34(4), 455–479.

Sandström, G., Strömgren, M., & Stjernström, O. (2014). Socioeconomic Determinants of Divorce in Sweden,

1960-1965. *Social Science History*, 38(1–2), 127–153.

Sayer, L. C., & Bianchi, S. M. (2000). Women's economic independence and the probability of divorce: A review and reexamination. *Journal of Family Issues*, 21(7), 906–943.

Schoen, R., Astone, N. M., Kim, Y. J., Rothert, K., & Standish, N. J. (2002). Women's employment, marital happiness, and divorce. *Social Forces*, 81(2), 643–662.

Schwartz, C. R. (2010). Earnings inequality and the changing association between spouses' earnings. *American Journal of Sociology*, 115(5), 1524–1557.

Shackelford, T. K., Le Blanc, G. J., & Drass, E. (2000). Emotional reactions to infidelity. *Cognition & Emotion*, 14(5), 643–659.

Shirahase, S., & Raymo, J. M. (2014). Single mothers and poverty in Japan: The role of intergenerational coresidence. *Social Forces*, 93(2), 545–569.

Smock, P. J. (1994). Gender and the short-run economic consequences of marital disruption. *Social Forces*, 73(1), 243–262.

Tachibanaki, T., & Sakoda, S. (2016). Comparative Study of Happiness and Inequality in Five Industrialized Countries. In *Advances in Happiness Research*, 97–118. Tokyo: Springer.

Tanaka, S. (2008). Career, Family, and Economic Risks: A Quantitative Analysis of Gender Gap in Post-Divorce Life. 中井美樹・杉野勇編『２００５年ＳＳＭ調査シリーズ９：ライフコース・ライフスタイルから見た社会階層』２００５年ＳＳＭ調査研究会、21–33.

Tanaka, S. (2013). Gender gap in equivalent household income after divorce, Sigeto Tanaka (ed.) *A Quantitative Picture of Contemporary Japanese Families: Tradition and Modernity in the 21st Century*. Sendai: Tohoku University Press.

Ulrich Beck, & Elisabeth Beck-Gernsheim (1995). *The normal chaos of love*. Wiley-Blackwell Publishers.

Uunk, W. (2004). The economic consequences of divorce for women in the European Union: The impact of welfare state arrangements. *European Journal of Population/Revue européenne de démographie*, 20(3), 251–285.

Veenhoven, R. (2005). Is happiness a trait? In *Citation Classics from Social Indicators Research*, 477–536. Dordrecht: Springer.

Wang, H., & Amato, P. R. (2000). Predictors of divorce adjustment: Stressors, resources, and definitions. *Journal of Marriage and Family*, 62(3), 655–668.

Weitzman, L. J. (1985). *The divorce revolution: The unexpected social and economic consequences for women and children in America*. New York: Free Press.

Wiederman, M. W., & Allgeier, E. R. (1993). Gender differences in sexual jealousy: Adaptionist or social learning explanation? *Ethology and Sociobiology*, 14(2), 115–140.

あとがき

現代の日本の家族において発生している重要な変化は次の四つである。一つ目は、人生で一度も結婚しない人（生涯未婚の人と称される）の増加である。二つ目は出生率の低下による小家族化である。三つ目は、三世代住居の激減である。四つ目は、離婚する人の増加であり、これは世界中で起こっていることでもある。

本書は四番目の離婚に集中して、離婚がなぜこれほどまでに増加したかを明らかにし、かつ離婚したことで生じる生活の変化や心の問題について論じた。離婚に関しては、年齢別でその理由が異なるうえ、特質に差があることに注目した。忘れてならないことは、離婚した人のうち、約3割は再婚に踏み切るのであり、結婚に失敗したから離婚するとはいえ、再婚する人の存在にはそれなりの理由があることを示した。

日本の歴史では意外なことに江戸、明治時代では離婚は珍しくなかったが、それが鎮静化した理由の一つは、社会が国民に家制度の遵守を法律で半ば強制したからである。民法で家制度が廃止されると離婚が増加するのはおよそ自然であった。興味深いことに離婚を最初に言い出すのは女性で、男性はそれに渋々応じているというケースが多いのが現状である。そうすると男性に再婚願望の強い理由が頷ける。結婚は女のためのものと思う人も多いだろうが、心理的・肉体的メリットは男性に多くもたらされた。特に、旧来の性別役割分業的な考えをもつ男性には。

国際比較すると旧社会主義国の離婚率が飛び抜けて高いが、これは女性の勤労率が高かったことによる。離婚しても一人で生活できる自信があるからである。これは日本をはじめ非社会主義国の離婚にも、経済学的解釈にヒントを与える。すなわち女性の就労が普通になれば、離婚しても生活にそう苦労しないと予想できるのである。

結婚は男女間の性の問題とも関係するので、離婚の一つの原因である不倫をどう考えたらよいのかについても論じた。男女によって不倫に走る動機、目的などが異なるのであり、それを追求してみた。

離婚するとさまざまな影響を人びとに与えるのは当然である。専業主婦だった女性であれば、たちまち生活苦に陥るし、子どもの生活や教育の問題が大きくのしかかる。離婚率の高い欧米諸国ではこれらの問題が深刻なだけに研究数も多いため、それらを参照しながら日本においての貧困、養育費、教育などの問題を考察するうえでの資料とした。さらに、これらの問題における日本の現状を明らかにして、解決策をも考察した。

結婚は一組の男女が共同で経済生活をする仕組みなので、離婚を経済学の立場で議論する意義はある。そこで同志社大学大学院での師弟関係にある経済学専攻の筆者たちはそれをめざした。とはいえ、離婚は社会学でも研究されていることなので、社会学の成果にもかなりの注意を払った。

なお、本書第一部の章について査読を依頼した。第四章については立教大学の五十嵐彰氏に、第六・第七章についてはパリ第七大学の猿ヶ澤かなえ氏に、第八章については、立命館大学の高松里江氏に査読していただいた。また、日本大学の山村りつ氏、京都大学の福原隆一氏、同志社大学の笠井高人氏から有益なコメントを頂戴した。第六章の法律用語について、弁護士の佐藤正子氏に監修していただいた。重ねて感謝申し上げる。

記念碑となる出版を勧めてくださった講談社の所澤淳氏の熱意とその効率的な編集作業に感謝したい。残存するかもしれない誤謬と、主張に関する責任は筆者のみにある。

橘木俊詔・迫田さやか

N.D.C.367.4　235p　18cm
ISBN978-4-06-519151-4

講談社現代新書　2570

離婚の経済学　愛と別れの論理

二〇二〇年四月二〇日第一刷発行

著者　橘木俊詔　迫田さやか　©Toshiaki Tachibanaki, Sayaka Sakoda 2020

発行者　渡瀬昌彦

発行所　株式会社講談社
東京都文京区音羽二丁目一二―二一　郵便番号一一二―八〇〇一

電話　〇三―五三九五―三五二一　編集（現代新書）
〇三―五三九五―四四一五　販売
〇三―五三九五―三六一五　業務

装幀者　中島英樹

印刷所　豊国印刷株式会社

製本所　株式会社国宝社

本文データ制作　講談社デジタル製作

定価はカバーに表示してあります　Printed in Japan

「講談社現代新書」の刊行にあたって

教養は万人が身をもって養い創造すべきものであって、一部の専門家の占有物として、ただ一方的に人々の手もとに配布され伝達されうるものではありません。

しかし、不幸にしてわが国の現状では、教養の重要な養いとなるべき書物は、ほとんど講壇からの天下りや単なる解説に終始し、知識技術を真剣に希求する青少年・学生・一般民衆の根本的な疑問や興味は、けっして十分に答えられ、解きほぐされ、手引きされることがありません。万人の内奥から発した真正の教養への芽ばえが、こうして放置され、むなしく滅びさる運命にゆだねられているのです。

このことは、中・高校だけで教育をおわる人々の成長をはばんでいるだけでなく、大学に進んだり、インテリと目されたりする人々の精神力の健康さえもむしばみ、わが国の文化の実質をまことに脆弱なものにしています。単なる博識以上の根強い思索力・判断力、および確かな技術にささえられた教養を必要とする日本の将来にとって、これは真剣に憂慮されなければならない事態であるといわなければなりません。

わたしたちの「講談社現代新書」は、この事態の克服を意図して計画されたものです。これによってわたしたちは、講壇からの天下りでもなく、単なる解説書でもない、もっぱら万人の魂に生ずる初発的かつ根本的な問題をとらえ、掘り起こし、手引きし、しかも最新の知識への展望を万人に確立させる書物を、新しく世の中に送り出したいと念願しています。

わたしたちは、創業以来民衆を対象とする啓蒙の仕事に専心してきた講談社にとって、これこそもっともふさわしい課題であり、伝統ある出版社としての義務でもあると考えているのです。

一九六四年四月　野間省一

政治・社会

経済・ビジネス

350 経済学はむずかしくない〈第2版〉——都留重人
1596 失敗を生かす仕事術 畑村洋太郎
1624 企業を高めるブランド戦略——田中洋
1641 ゼロからわかる経済の基本——野口旭
1656 コーチングの技術——菅原裕子
1926 不機嫌な職場——高橋克徳 河合太介 永田稔 渡部幹
1992 経済成長という病——平川克美
1997 日本の雇用——大久保幸夫
2010 日本銀行は信用できるか 岩田規久男
2016 職場は感情で変わる 高橋克徳
2036 決算書はここだけ読め!——前川修満
2064 決算書はここだけ読め! キャッシュ・フロー計算書編 前川修満
2125 ビジネスマンのための「行動観察」入門 松波晴人
2148 経済成長神話の終わり アンドリュー・J・サター 中村起子 訳
2171 経済学の犯罪——佐伯啓思
2178 経済学の思考法——小島寛之
2218 会社を変える分析の力 河本薫
2229 ビジネスをつくる仕事 小林敬幸
2235 20代のための「キャリア」と「仕事」入門——塩野誠
2236 部長の資格——米田巖
2240 会社を変える会議の力 杉野幹人
2242 孤独な日銀——白川浩道
2261 変わった世界 変わらない日本——野口悠紀雄
2267 「失敗」の経済政策史 川北隆雄
2300 世界に冠たる中小企業 黒崎誠
2303 「タレント」の時代——酒井崇男
2307 AIの衝撃——小林雅一
2324 〈税金逃れ〉の衝撃 深見浩一郎
2334 介護ビジネスの罠——長岡美代
2350 仕事の技法——田坂広志
2362 トヨタの強さの秘密 酒井崇男
2371 捨てられる銀行——橋本卓典
2412 楽しく学べる「知財」入門——稲穂健市
2416 日本経済入門——野口悠紀雄
2422 捨てられる銀行2 非産運用——橋本卓典
2423 勇敢な日本経済論——髙橋洋一 ぐっちーさん
2425 真説・企業論——中野剛志
2426 東芝解体 電機メーカーが消える日 大西康之